中国管理理论的构建范式研究

张兵红 著

经济管理出版社
ECONOMY & MANAGEMENT PUBLISHING HOUSE

图书在版编目（CIP）数据

中国管理理论的构建范式研究 / 张兵红著 .—北京：经济管理出版社，2022.6
ISBN 978-7-5096-8494-8

I.①中…　II.①张…　III.①管理学—研究—中国　IV.①C93

中国版本图书馆 CIP 数据核字（2022）第 099576 号

组稿编辑：张丽原
责任编辑：姜玉满
责任印制：黄章平
责任校对：蔡晓臻

出版发行：经济管理出版社
　　　　　（北京市海淀区北蜂窝 8 号中雅大厦 A 座 11 层 100038）
网　　　址：www.E-mp.com.cn
电　　　话：（010）51915602
印　　　刷：河北华商印刷有限公司
经　　　销：新华书店
开　　　本：710 mm×1000 mm/16
印　　　张：11.25
字　　　数：196 千字
版　　　次：2022 年 6 月第 1 版　2022 年 6 月第 1 次印刷
书　　　号：ISBN 978-7-5096-8494-8
定　　　价：90.00 元

前　言

　　当前，管理世界的基本特征是易变性（Volatility）、不确定性（Uncertainty）、复杂性（Complexity）和模糊性（Ambiguity），也称作 VUCA 新时代。进入新时代，中国经济与综合国力在快速崛起，中国管理实践创新也得到飞速发展，发生在各类优秀企业和新型企业中的"中国管理故事"越来越多，需要创新理论来解释不断涌现的新现象。在经济高速发展的同时，中国管理研究与理论创新也取得了丰硕的成果，但仍存在理论跟不上实践的现象、理论与实践脱节的问题。如何弥合理论与实践之间的鸿沟也困扰着中国管理学界。导致这种现象的主要原因是中国管理研究目前还处在照搬、引进和诠释西方理论阶段。受西方实证主流范式的影响，学者在科学研究过程中往往只注重"严谨性"，而忽视了"情境与普适性"。研究成果中没有平衡"学术严谨性"与"实践相关性"，导致真正指导实践的理论贡献非常少。韩巍和赵向阳（2017）将这种困境称作"徐淑英难题"。郭重庆院士（2008）呼吁中国管理学术研究要"顶天立地"，不能再自娱自乐，要构建中国自己的管理理论。因此，只有转变研究范式与导向，做负责任的学术研究，才能真正实现中国管理理论的创新。华人学者意识到了积极地推动开展本土化研究的迫切性与重要性，对社会学、心理学和组织行为学等学科进行了本土化研究的反思和前瞻性探讨，实现了这些学科领域的研究范式和路径的转换。

　　总之，无论是从 VUCA 新时代实践背景下的新理论召唤，还是从"徐淑英难题""郭重庆的顶天立地"等理论引发负责任的学术研究反思，以及与管理学科息息相关的心理学、社会学等学科本土化浪潮的推进，开展中国本土管理研究和理论构建都是迫切和必要的。要创新管理理论来解释中国管理新现象、指导中国管理实践。建立文化自信和学术自信既是科研时尚，更是科研责任，构建能够指导中国管理研究与理论构建的全面、系统的研究范式意义重大。基于以上实践、理论与学科发展的综合背景，本书提出了"中国管理理论的构建范式研究"的研究问题。

首先，通过对情境化、本土化两条中国管理研究路径下的国内外相关文献进行回顾梳理，结果表明情境化研究可能并不是中国管理研究发展的出路，国内学者更提倡本土化研究路径。学者们在本土化研究范式和路径下探讨了是否存在中国本土管理理论，以及中国本土管理研究的必要性、合法性和合理性等基础性的研究问题。同时，也积极地围绕本土管理研究的概念内涵界定、研究范式、研究方法、研究路径等主题内容进行深入探讨与争鸣，形成了丰硕的研究成果。但遗憾的是，学者较少从方法论层面探讨本土管理理论的建构范式问题，目前还尚未提出一套系统的具有指导作用的理论构建范式。

其次，结合研究背景、文献回顾、相关概念界定和相关基础理论的指导，搭建了本书研究的分析框架。管理研究或管理理论构建对象，通常可以分为两大类：一类是以管理活动和管理实践为对象的研究，另一类是以管理理论和管理知识为对象的研究。本书是以管理理论（管理知识）为研究对象，以中文科技文献为数据文本载体，引入库恩的范式理论、理论管理学等理论构建的指导理论，以中国管理研究的演进脉络为切入视角，遵循了"问题—分析"的逻辑层次，构建了"演进脉络—概念重构—评判维度—研究框架模型"的分析框架。

再次，本书在分析框架下主要进行了三个研究，分别是：基于知识图谱（Mapping Knowledge Domains）的中国管理理论构建研究的演进与分析、基于内容分析法（Content Analysis）的中国管理理论概念研究、基于扎根理论（Grounded theory）的中国管理理论构建研究。主要研究内容、采用的研究方法、研究过程与研究结果如下：

（1）基于知识图谱的中国管理理论构建研究的演进与分析。本书基于知识普通理论方法的指导，以 CSSCI 数据库为样本数据来源，以 1998~2019 年与中国管理研究以及理论构建相关的 561 篇施引文献和 7108 篇被引文献作为研究对象。主要运用 CiteSpace V 可视化软件，分别进行了中国管理研究与理论构建的知识基础、研究热点、前沿主题、主流学术群体和核心作者的可视化分析。研究结果表明，对中国管理理论的研究在知识基础上基本都是国内的重要文献，大多数研究视角是管理哲学和传统文化，进一步论证了中国管理理论是存在的。从研究热点内容上分析，可以概括为六大研究主题，但中国管理理论研究在概念上不统一、不规范，还没有形成一个广泛认可的研究框架或研究范式。从战略坐标图主题分布和突现词的研究前沿分析上，探寻到重构中国管理研究概念和构建中国管理研究框架与范式，是当前和未来中国管理研究亟须攻克的重要难题。当前还没有形成核心作者群，学者之间缺乏学术连通与交流。

（2）基于内容分析法的中国管理理论概念研究。从中国管理理论概念演变梳理视角出发，确定了统一使用"中国管理理论"的概念名称。以苏东水、曾仕强和徐淑英等20位有影响力的管理学者提出的中国管理理论概念定义作为研究对象，采用内容分析的研究方法，借助 ROST CM6 软件进行分词和提取类目，归纳出中国管理研究的使用概念中出现最频繁的类目。通过分析提取了频率最高的"扎根于中国管理实践研究""解释和指导中国管理实践""构建原创理论""采用中国的逻辑思维""以中国文化为根基"五个类目指标。依据核心类目将中国管理理论概念定义为：以中国传统文化为根基，直面中国管理实践，采用中国特有的逻辑框架或范式构建的管理理论（管理研究成果），旨在有效地解决中国管理实践面临的问题，更好地解释和指导中国管理实践。通过概念的内涵延伸分析，得出当前的中国管理研究或中国管理理论是指在中国这个空间里研究和发表的管理理论（管理研究成果），并非指具有中国特色的管理理论，也非指管理理论在中国。中国管理理论具有"中国空间、中国文化、中国故事、中国语言"四个判断特征。

（3）基于扎根理论的中国管理理论构建研究。本书基于扎根理论方法的指导，通过以在《管理世界》《管理学报》等管理学期刊上精选的116篇科技文献为样本数据，提取了与中国管理理论构建相关的原始语句作为研究对象。在三级编码方法指导下，本书共获取了230个初始概念、40个副范畴和9个范畴，提炼了5个核心范畴。5个核心范畴分别是多元研究思维范式、多元研究对象与路径、二元时空研究边界、多元科学方法论与方法和多元学术交流平台。以这5个核心范畴为要素构建了中国管理理论构建的研究框架模型，5个模块之间是层级递进、相互作用的关系，涵盖了研究主体、研究客体、研究方法等。其中，研究思维范式起到统领全局的作用，框定研究对象和问题要优先于研究方法，匹配科学和适合的方法才能有效地帮助达到研究目的和获得研究结果。多元研究思维范式，包括人文思维、科学思维、中庸思维、史学思维，综合体现了中国式思维范式。多元研究对象与路径主要涵盖了以直面中国实践和扎根中国传统文化为主的研究范式。二元时空研究边界包括时间维度和空间维度两个部分，是对研究对象范围的界定。多元科学方法论与方法包括整合现有研究方法和创新研究方法两部分内容。多元学术交流平台主要涵盖从微观个体的思索，到中观学者之间的连通，再到宏观学术交流与氛围的构建。

　　最后，本书的总结与展望部分。结合研究结论，讨论了理论贡献与管理启示。本书是中国管理理论构建的一个探索性研究，尽管有所局限，但仍希望能给学者提供有益的参考与思考。中国管理学者要端正学术态度，直面管理实践，构建科学的科研评价体系与理论体系，不断整合和创新研究方法来创新理论，更好地解释和指导中国管理实践，努力提高中国管理理论在国际学术界的影响力和话语权。

目　录

第一章 绪 论

文化是一个国家和民族的灵魂，文化自信是作为更基本、更深沉、更持久的发展力量。要积极践行习近平总书记提出的"四个自信"，尤其是要发挥处于基础和引领作用的"文化自信"。在科学领域推动学术自信既是一种科研时尚与学术责任，亦是开发与构建中国管理理论和转换科学研究范式的重要契机。

第一节 研究背景与意义

当前已经全面进入了新时代，管理世界的基本特征是易变性、不确定性、复杂性和模糊性，也称作 VUCA 新时代。"VUCA"是选取了易变性、不确定性、复杂性和模糊性四个词对应的英文单词 Volatility、Uncertainty、Complexity、Ambiguity 的首字母。

进入 VUCA 新时代，在我国取得令世界瞩目的伟大成绩的同时，中国管理实践也在飞速发展，中国管理研究与理论创新取得了丰硕的成果，但仍存在着理论与实践脱节的现象、理论跟不上实践等问题。本节将具体从新时代实践背景下的理论召唤、理论背景下"顶天立地"的学术责任和"徐淑英难题"等理论的再反思，以及学科发展背景下的心理学、社会学等学科本土化浪潮三个方面来展开论述，提出"中国管理理论的构建范式研究"的研究问题及其重要的理论意义和实践意义。

一、研究背景

1. VUCA 新时代的初心召唤与使命感召

进入 VUCA 新时代，新趋势、新变化、新技术、新产业和新组织形式不断涌现，而且变化的节奏更快、程度更大。中国经济与综合国力在快速崛起，取得了多个领域的"世界第一"，当前中国已经赶超为世界经济第二大国。在网络、人工智能等新技术方面，中国与发达国家的差距越来越小，甚至在某些方面正在或已经走在前列引领的位置。与此同时，新经济的发展和新技术的进步给中国企业的管理实践创新带来了更多的发展机会。如华为、联想等一系列中国领先企业的成功壮大，还有蚂蚁金服、滴滴出行、小米公司等一批批后起之秀的"独角兽"①"未来独角兽""瞪羚羊"②企业领跑数字经济。这些领先企业（如华为公司）和进步企业（如滴滴出行）的管理实践不但会影响中国企业未来的走向，还会给中国企业组织带来巨大变化。智能手机、物联网、人工智能、云计算等，不但改变了商业活动的技术基础，也改变了企业与组织的管理方式。发生在各类大型企业和新型企业中的"中国故事"越来越多。"灰犀牛""黑天鹅"更加强化了未来现实的无法预测性。基于预测和精确性的管理理论方法受到挑战，组织、战略、人力资源等工商管理的所有职能领域都在发生巨大的变化（张玉利、吴刚，2019）③。新经济、新技术带来了管理实践的新现象和新问题，新时代的变化发展，无疑为管理实践者和管理研究者提供了更多新的课题。

尽管新时代的到来，新经济、新技术的发展与进步，大力推动了中国经济的快速发展，但理论开发与创新跟不上实践剧烈转型的速度。当前中国管理实践对理论的需要程度和管理理论在中国经济社会发展中的实践程度是不匹配的，两者之间的缺口越来越大。一方面，当前实践背景下探索出的中国管理研究成果中，能用于指导新时代下的中国企业的新实践、新问题和新挑战的理论不完善、解释度不高、普适性差；另一方面，尽管中国经济总量达到世界第二，还涌现了类似华为这样的优秀大企业，但却基本没有开发和构建具有世界影响力的原创管理理论，中国管理理论在世界范围的影响力远不及企业的辐射度。管理学者和企业实践者都在反思出现上述困境的原因，主要是由于中国管理研究发展得比较晚，当前中国特色的管理理论不够成熟、不够丰富，不能很有效地指导中国管理实践的发展与创新，导致管理实践与理论之间的鸿沟并未得到有效的解决。中国管理学术界在科研实力、研究结果和学术话语等方面的能力和水平远落后于新时代中国的综合国力和国际地位。理论与实践的缺口也在呼吁构建新的中国管理科学，研究开发出具有普世价值的管理科学。一方面，可以缩小当前理论与实践相脱节的缺口，加强理论指导实践；另一方面，可以增强在世界科研学术上的话语权。特别是中国经济发展进入新时代的大背景下，越来越多的管理学者和企业管理者意识到，中国有必要发展自己的管理理论，才能推进中国企业整体的发展进步。中国管理研究要捕捉发展变化的国计民生去向，制定前瞻长远的科研目标

---

① "独角兽"企业是指投资界对创办时间相对较短、还未上市、估值在 10 亿美元以上公司的称谓。
② "瞪羚羊"企业是指商业模式已经得到市场认可、跨过创业死亡谷期，进入爆发式增长的创新型企业。
③ 张玉利，吴刚 . 新中国 70 年工商管理学科科学化历程回顾与展望［J］. 管理世界，2019，35
（11）：8-18.

（姚雪青，2020）①。建设社会主义新时代，就必须要有大批优秀管理者不断努力奋斗创新实践，管理研究者对企业新现象和实践要不断刻苦钻研，构建出具有一般规律的新时代中国管理科学。因此，进入新时代，管理研究者和企业实践者需要更加努力地研究管理新现象，才能在管理学领域中实现理论创新，起到引领性作用，开发具有国际意义的新理论和新发现以至于将来在世界管理学界中提到"中国"二字，国际友人都会由衷地竖起大拇指，甚至前来取经。中国强大的社会经济综合实力，加上一系列领先的管理实践，必然能造就中国管理学体系在国际上的绝对"话语权"。

　　总之，进入新时代，随着经济的快速发展，中国学者有着接触中国管理实践的天然优势，可以从各个层次、多个视角来解读新时代。中国管理科学体系亦是如此，本土管理研究日趋重要。知识与理论产生的过程通常有两条路径：一条是形式科学，如数学不依赖任何路径；另一条是从经验观察，发端于实践，实践是理论之源。时代课题是原创性理论诞生的重要驱动力（杨静、寇清杰，2018）②。毫无疑问，中国管理理论也应该是在时代的实践中提炼、总结和升华的（尹西明等，2019）③。科学强调的是可重复性，但中国管理研究的魅力就在于中国管理实践的多样性和复杂性。中国管理实践在产生与发展中会面临着特殊的政治背景、文化传统和市场环境等本土环境。当前面对的管理现象是复杂多样的，可能是西方企业没有经历过的，因而会催生全新的管理实践，推进管理概念的提出和理论的创新。因此，面对处于复杂、不确定和多层次革新的中国管理实践，就需要开发和构建更多的新概念、新理念来推进中国管理理论的构建（李培挺，2013）④。管理实践者与管理研究者应该共同发力，不断探索新的问题，创新管理理论、丰富管理知识，研究发展出紧扣时代脉搏的新理论，推动我国企业管理水平升至新高度，使管理科学研究具有积极的实践意义。

　　时代是思想之母，实践是理论源泉。综上所述，VUCA 新时代在强烈地呼唤新理论登场，在召唤新的管理研究方法论。

　　2. "顶天立地"的科研导向和"徐淑英难题"理论的再思考

　　改革开放 40 多年来，为适应高速发展的经济，不断引进西方管理学的

---

① 姚雪青. 高校做科研 望向更远处［N］. 人民日报，2020-03-18（12）.
② 杨静，寇清杰. 党的十八大以来社会主义意识形态建设思想探析［J］. 思想政治教育研究，2018，34（4）：39-44.
③ 尹西明，陈红花，陈劲. 中国特色创新理论发展研究——改革开放以来中国原创性创新范式回顾［J］. 科技进步与对策，2019，36（19）：1-8.
④ 李培挺. 也论中国管理学的伦理向度：边界、根由与使命［J］. 管理学报，2013，10（9）：1283-1290.

研究成果，学习主流的学术规范。在借鉴和学习中得到了长足的发展，但中国管理理论的开发与构建还处在照搬、引进西方理论阶段，没有成功转换对西方管理理论的诠释性、注解性的研究范式。中国管理研究没有彻底地从跟踪、模仿走向自主创新阶段，未能从根本上解决管理实践与管理理论脱节这个难题。一方面，由于中国管理研究相对滞后，受西方主流实证和国际权威论文发表考核机制的影响，研究者面对新现象缺乏提出研究问题的能力和信心，导致理论缺乏原创性；另一方面，受制于中国管理学的研究基础还较为薄弱，特别是在研究方法及其规范性使用和创新方面，与西方管理学研究仍存在差距（宋湘绮，2011）①。黄如金（2007）②在分析管理学与其他社会科学的区别时指出，管理学具有更强的实践性，任何完整和成熟的管理理论，都必须是从实际出发，还必须要有符合国情特点的管理思维及其相应的方式方法。他还指出在管理学对经济社会发展越来越具有重要意义的今天，创新发展有中国特色的管理学，成为了具有重大历史意义和现实意义的课题。

管理理论与管理实践脱节问题以及两者的融合一直都是管理学研究中广受关注的话题（Bartunek et al.，2006③；Ghoshal，2005④；Van and Johnson，2006⑤），但始终没有真正地填补管理实践与理论之间的空白。中国管理学研究去向何处？如何弥合当前管理理论与中国管理实践之间的鸿沟困扰着中国管理学界。郭重庆院士在2008年的第三届中国管理学年会上呼吁中国管理学术研究要"顶天立地"，不能再自娱自乐（陈晓红、周艳菊，2008）⑥。中国管理学既要研究国际前沿问题，承担国际责任，又必须从中国管理的现实问题中，提出新的理论来指导中国管理实践和解决中国管理的问题，最终为国家经济发展做贡献。简单地讲，中国管理研究就是要顶"普适性"的天，立"中国实践"的地。

但实际上，由于受西方实证主流研究范式的影响，学者在科学研究过程中，经常只注重"学术严谨性"，而忽视了"情境与普适性"，偏向理论贡

① 宋湘绮.管理研究中感悟与实证的对接——比较"中道管理"与"基于研究证据的管理"［J］.管理学报，2011，8（1）：37-41.
② 黄如金.和合管理：探索具有中国特色的管理理论［J］.管理学报，2007，4（2）：135.
③ Bartunek，J，M.，Rynes，S. L.，Ireland，R .D. What Makes Management Research Interesting, and Why Does It Matter? ［J］. Academy of Management Journal，2006，49（1）：9-15.
④ Ghoshal，S. Bad Management Theories Are Destroying Good Management Practices ［J］. Academy of Management Learning & Education，2005，4（1）：75-91.
⑤ Van de Ven，A. H.，Johnson，P. Knowledge for Theory and Practice ［J］. Academy of Management Review，2006（31）：802-821.
⑥ 陈晓红，周艳菊.构建有中国特色的管理理论体系——第三届（2008）中国管理学年会综述［J］.经济管理，2008（23）：172-176.

献而忽视实践指导价值。在研究成果中很难平衡"学术严谨性"与"实践相关性",真正基于实践导向和指导实践的理论贡献非常少。管理研究的"实践相关性"与"学术严谨性"的取向或偏重点是管理学界长期以来的纷争和无法突破的研究困境(Starkey and Madan,2001[①];Gulati,2007[②];Kieser and Leiner,2009[③];Corley and Gioia,2011[④])。面对中国管理研究的困顿局面和现象,韩巍和赵向阳(2017)[⑤]在论文《"非科学性"让管理研究变得更好:"蔡玉麟质疑"继续中》中提出了一个专属概念——"徐淑英难题",具体是指管理学界和研究者在追求"真知"过程中,出现了无法消弭主流研究范式(哲学立场)与具体学术实践相关性的内在矛盾,以及偏好实证主义的研究方法与实际问题不匹配的困扰。管理学界著名的华人学者徐淑英(Anne S. Tsui)也较早地开始研究和撰文发表关于反思管理研究路径与范式的论文,从提倡"主流实证研究范式"到"情境化研究",期望并提倡学者要有负责任的科学研究精神。但实证研究的"科学性"在管理研究中存在一定的局限性。过于追求严谨性,会导致研究结论具有大量显见知识或常识(李培挺、张守连,2011)[⑥]。但过于追求相关性,又会缺失理论的普适性,导致不可复制和推广。可见,"做负责任的科学研究"的价值观和"追求真知"的学识旅程存在困境或两者无法自圆其说。简单来讲,就是如何处理好管理研究学术严谨性与实践相关性的矛盾关系,即"徐淑英难题"。针对撼动中国管理学反思的郭重庆的"顶天立地"和"徐淑英难题"理论,可以引发以下两个问题的思考:

一是要厘清"学术严谨性"与"实践相关性"的矛盾关系,寻找理论与实践脱节问题的根本原因,才能真正做到跨越学术世界和现实世界的鸿沟。管理与实践的关系一直是管理学界争论的话题,伴随着理论与实践的脱节变得异常激烈。同时,更突出的问题是西方的管理理论并不都适用于中国,西

① Starkey, K., Madan P. Bridging the Relevance Gap: Aligning Stakeholders in the Future of Management Research [J]. British Journal of Management, 2001 (12): 3-26.

② Gulati, R. Tent Poles, Tribalism, and Boundary Spanning: The Rigor-Relevance Debate in Management Research [J]. Academy of Management Journal, 2007, 50 (4): 775-782.

③ Kieser, A., Leiner, L. Why the Rigour – Relevance Gap in Management Research Is Unbridgeable [J]. 2009, 46 (3): 516-533.

④ Corley, K. G., Gioia, D. A. Building Theory about Theory Building: What Constitutes a Theoretical Contribution? [J]. Academy of Management Review, 2011, 36 (1): 12-32.

⑤ 韩巍,赵向阳."非科学性"让管理研究变得更好:"蔡玉麟质疑"继续中 [J].管理学报,2017,14(2):185-195.

⑥ 李培挺,张守连.破"科学管理",立"管理哲学"——"科学管理"背景下谢尔登管理哲学基本定位初探 [J].管理学报,2011,8(10):1451-1456,1461.

方理论也出现了停滞创新的局面。尽管近些年，管理学术界涌现出来的新名词、新概念越来越多，但经典的管理理论来自实践依然是不争的事实。"发现规律、解释现象、指导实践"是中国管理学界与学者们的历史责任（苏敬勤、刘电光，2016）[①]。在管理研究中必须融入中国特色情境，要从"照着讲"向"接着讲"进行转变。要接着中国管理实践讲、接着中国传统文化讲、接着西方管理学讲，才能真正地实现中国管理理论的创新。尽管学术研究很重要，但不可以只为丰富学术圈而研究，管理科学更应该面向实践问题和解决实践问题。德鲁克曾指出管理的唯一权威性就是成果，即成果是检验理论的唯一标准。因此，管理学研究的"实践相关性"是"科学严谨性"的检验标准。如果把前者称为"立地"，把后者称为"顶天"，则立地＝顶天，顶天＝立地（郭骁，2012）[②]。

二是要做负责任的学术研究，必须转变研究导向与范式。目前，学术圈的主流研究范式还是理论驱动范式，管理学陷入了不能自拔的"理论崇拜"困境，导致"事实等待理论"的短板。Hambrick（2007）[③]认为，在管理学界出现了过度理论驱动的研究，导致新现象还在等待新理论的开发。因为没有基础理论的指导，面对新现象学者无法挖掘有研究价值的问题。理论驱动的研究，导致学者习惯从既有理论中找答案，这可能会关闭学者直面新现象、探寻新答案的大门。管理学者过分追求在高质量期刊上发表实证论文，遵循演绎逻辑，从理论推导假设，结果却导致理论与实践脱节严重。新现象总是缺乏前导理论，在理论驱动的压力下，学者面对新现象望而却步，很有可能会导致劣质理论驱逐优良理论。这一现象引起了国内外领先期刊和知名学者的重视。因此，管理学的学术研究必须与实践相关，理论成果要能指导实践。随着中国管理学的不断发展，新时代不断地呼唤管理研究者应担负起对学术和社会的双重责任（杨治，2018[④]；徐淑英等，2018[⑤]）。徐淑英强烈提倡学者应该走出"象牙塔"，要做负责任的学术研究。郭重庆（2008）提出要做顶天立地的科学研究，要建立中国人自己的管理学理论。负责任的管理学术研究和顶天立地的研究导向都强调未来中国管理研究中需要在学术严谨性

① 苏敬勤，刘电光.含摄情境的管理理论是否具有普适性［J］.管理学报，2016，13（8）：1105-1114.
② 郭骁.构建面向"中国问题"的管理学研究范式［J］.经济管理，2012，34（5）：183-192.
③ Hambrick, D. C. The Field of Management's Devotion to Theory: Too Much of A Good Thing?［J］.The Academy of Management Journal, 2007, 50（6）：1346-1352.
④ 杨治.科学哲学与负责任的管理研究［J］.管理学季刊，2018，3（4）：32-36，155.
⑤ 徐淑英，李绪红，贾良定，等.负责任的管理研究：哲学与实践［M］.北京：北京大学出版社，2018：116-143.

和实践相关性两方面大幅度提升，不能再像过去一样过于追求西方的权威，而是要学会用中国人自己的思维和理性去独立思考问题，去认识实践、认识现象、认识世界。同时，管理学必须关注哲学和方法论，否则只能是照猫画虎，真理可能永远无法够到。

基于以上的反思，学者基本一致认为，当前中国管理研究采取了过于单一的实证主义研究范式，导致管理理论的实践相关性较低（龚小军、李随成，2011）[①]。越来越多的学者呼吁要改变套用西方理论的实证主义研究范式，转换新范式来解读中国本土企业管理实践和现象，要直面中国管理实践，创新管理理论的研究方法论。

3. 心理学、社会学等学科本土化研究的兴起与变革

与其他许多学科趋同，中国管理学也要面临"本土化"的研究趋势（陈春花等，2014）[②]。早在 20 世纪八九十年代，学者就意识到了开展本土化研究的迫切性与重要性，人类学、社会学、心理学和组织行为学等学科从照搬西方理论的研究范式中崛起，展开了本土化研究的反思和前瞻性探讨。心理学、社会学和组织行为学在本土化运动的热潮中取得了丰硕的成果，以黄光国、郑伯埙、杨国枢等为代表构建的本土心理学研究最为突出、成果最丰硕，引起了学者们的广泛关注。

管理学是在经济学、社会学和心理学等学科基础上脱离而发展起来的一门综合交叉性学科。因此，心理学、社会学等学科的本土化研究热潮的兴起，必定会极大地引发和推动管理学本土化的研究进展。面对是否存在中国本土管理理论以及如何进行本土化研究，国内一批优秀学者、管理学期刊和论坛、会议等研究主体都在大力推动管理学本土研究。如《管理学报》开设了"管理学在中国""煮茶问道"等研究栏目专门用于本土管理的研究与交流。还有《管理学季刊》《外国经济与管理》等期刊，以及"管理学在中国""中国管理 50 人""中国·实践·管理""中国本土管理研究论坛"等学术会议和论坛都在致力于推动中国本土管理的研究。

综上分析，在实践背景下的新时代呼唤新理论、理论背景下的"顶天立地"的研究导向及"徐淑英难题"等理论的再反思和相关学科本土化运动的兴起，都在推进要构建中国自己的管理理论。基于此，本书提出了"中国管理理论的构建范式研究"的研究问题。

---

① 龚小军，李随成.管理理论的实践相关性问题研究综述［J］.管理学报，2011，8（5）：775–783.
② 陈春花，宋一晓，曹洲涛.中国本土管理研究的回顾与展望［J］.管理学报，2014，11（3）：321–329.

二、研究意义

1. 理论意义

首先，本书丰富和完善了中国管理研究与理论构建的理论体系。本书以中国管理理论和管理知识为研究对象，以期刊科技文献文本为数据载体，以匹配具体研究问题的多样化方法展开研究。一是基于内容分析法，重构了中国管理理论的概念内涵。在概念重构的基础上进行了延伸讨论，构建了中国管理理论的判断维度。二是基于扎根理论构建了中国管理理论的构建范式和研究框架模型，为国内外管理学者提供了中国管理研究和理论构建的一个科学适用的研究框架模型。三是整合和丰富了中国管理理论构建研究的研究方法。本书不同于以往大多数从思辨或诠释性视角来阐述中国管理理论构建的理论研究与分析框架，综合运用了以知识图谱理论、内容分析法和扎根理论为主的文献文本分析的研究方法，将文献样本数据与扎根理论相结合，引入中国管理理论构建的研究。本书将文献文本的质性研究方法与科技文献计量方法进行综合运用和系统集成，丰富了中国管理理论框架构建的研究方法，在一定程度上弥补了以往中国管理理论构建研究中方法单一的缺陷。

2. 实践意义

本书是中国管理研究与理论构建的应用性研究，旨在构建中国管理理论的研究范式，是关于理论构建的指导研究。首先，本书研究的出发点是通过统一中国管理研究的概念名称及内涵，构建中国管理理论的研究框架模型，给管理学者尤其是青年学者提供了一个更系统、更全面、更清晰的指导纲领，推动学术界和管理学者创新更多的中国管理理论。其次，本书的研究结论与管理启示，可以指导学者通过创新中国自己的管理理论，从而能有效地解释中国管理实践现象，指导中国管理实践，解决中国管理实践面临的问题，解决理论与实践脱节、理论跟不上实践的鸿沟问题，从而促进中国经济社会发展。最后，通过创新更多成熟的中国管理理论，促进中国管理理论对世界理论知识的贡献。通过创建学术自信，增强文化自信，提高在国际学术界的话语权和影响力。

第二节　研究目标与研究内容

一、研究目标

本书旨在探索中国管理理论构建的研究范式，具体需要实现以下几个目标：
首先，系统梳理和深度分析中国管理研究的国内外研究进展。基于知识图谱的文献计量分析法对截至目前产生的中国管理理论的研究基础、研究热点与主题分布、研究前沿和脉络进行可视化研究与分析。通过总结现有研究现状与问题，聚焦本书要解决的针对性问题。

其次，统一中国管理理论的概念名称、重构中国管理理论的概念内涵。通过选取中国管理理论概念的样本数据，运用内容分析法对中国管理理论内涵进行类目提取，根据最终确定的高频类目进行概念的重新定义，并提炼中国管理理论的判断维度。

最后，构建中国管理理论构建的研究范式或研究框架模型。通过在中国中文期刊数据中精选出与主题高度相关的大样本文献，并基于扎根理论的编码方法，提取样本数据中的原始语句，根据原始语句提炼出新概念、初始范畴、主轴范畴和核心范畴，构建具有普适指导作用的理论构建的研究框架或模型。

二、研究内容

本书主要由四部分，共七章内容构成，具体研究内容安排如下：

第一部分，绪论部分，即第一章内容。阐述了 VUCA 新时代的特点与中国管理实践发展的理论呼唤、郭重庆"顶天立地"的学术责任与"徐淑英难题"等理论的科研导向的再反思，以及心理学与社会学等学科的本土化研究的兴起三个方面的研究背景，提出了本书的研究问题。通过阐述中国管理理论构建的必要性和重要性，以及本书研究的理论意义和实践意义，提出了具体的研究目标和主要研究内容，以及相匹配的研究方法和可行的技术路线，归纳了本书可能的创新点。

第二部分，理论基础、文献综述与分析框架部分，即第二章内容。第二章对管理、管理理论、理论构建和管理学的学科属性等概念与特征进行了详细阐述与界定。引入库恩的范式理论、拉卡托斯的科学研究纲领理论、华莱士模型和理论管理学等开发与构建理论的指导理论。对中国管理研究进展进行了文献梳理，综述了中国管理理论构建的必要性、合理性，从情境化和本土化两个视角来回顾中国管理理论构建的研究路径、研究方法与构建框架等主题，阐述、归纳了国内外中国管理研究与理论构建的重点内容。同时梳理了目前学者们广泛认可的中国特色管理理论。最后，在以上分析基础上，基于库恩的范式理论和拉卡托斯的科学研究纲领等理论指导下，遵循"问题—分析"的总体分析逻辑层次，提出了本书"演进脉络—概念重构—评判维度—研究框架模型"的分析框架。

第三部分，分析框架的阐述与构建部分，即第三章、第四章、第五章、第六章的内容和第七章第二节的理论贡献与管理启示部分，也是本书的研究主体和最核心的研究部分。这部分研究主要包括了中国管理理论构建研究的演进脉络、中国管理理论概念研究以及中国管理理论构建的研究逻辑框架构建共三个研究内容与主题。在"演进脉络—概念重构—评判维度—研究框架模型"的分析框架基础上，分章节对该框架中的各模块进行研究。第三章在知识图谱理论指导下，应用 CiteSpace V 软件，对中国管理理论发展的内在规律与演进脉络进行可视化分析与研究。第四章运用中国知网中的指数分析，统一中国管理理论的概念名称，并运用内容分析法，重构了中国管理理论的概念，并提炼出判断特征维度。第五章、第六章在扎根理论指导下对大样本文献数据进行三级编码、提炼核心范畴，以构建中国管理研究与理论构建的研究框架模型或研究范式。第七章的第二节是理论贡献与管理启示的发展策略提出部分，分别从直面实践的路径、研究方法的科学使用、学者个人的学术态度和学术评价机制等方面提出促进中国管理理论构建的发展策略。

第四部分，研究结论与未来展望部分，即第七章的第一节和第三节的研究内容。第一节的研究内容是对中国管理研究演进的知识图谱分析状况、中国管理理论概念和评价维度、中国管理理论构建逻辑和研究框架模型等研究结论进行总结，为国内外管理学者构建中国管理理论提供参考和指导。第三节不仅总结了本书的研究不足和局限，还从研究方法的创新、建设管理研究评价体系、理论贡献等方面对未来研究方向提出了展望。

第三节　研究方法与技术线路

一、研究方法

本书主要采用知识图谱理论、内容分析法和扎根理论，并结合使用了规范分析法、文献研究法等研究方法来完成中国管理理论的演进脉络分析、概念研究和研究框架模型的构建。

首先，在第一部分和第二部分，即第一章、第二章的关于研究背景、文献综述、理论分析以及提出分析框架的研究中主要采用规范分析方法，通过传统的文献研究方法来梳理与回顾了国内外研究综述。

其次，在本书主体研究的第三部分，即第三章、第四章、第五章、第六章的分析框架的阐述与分析部分，分别采用了以知识图谱理论、内容分析法和扎根理论三种质性为主的研究方法来分析与研究问题，达到和完成研究目标。具体的章节和研究内容使用的方法如下：

在第三章"中国管理理论构建研究的演进与分析"的研究主题中主要

采用知识图谱理论，综合使用了战略坐标图法和其他文献计量方法。根据文献整理，发现知识图谱理论是目前国内外学者采用非常广泛的文献计量分析方法，也已经被广泛应用到组织与管理研究中。知识图谱理论是以知识域（Knowledge Domain）为对象，通过引文分析、共被引分析和共词分析等，显示科学知识的发展进程、结构关系、规律和分布情况，生成不同类型的知识图谱，为研究提供一种图像可视化分析（陈悦等，2015）①。因此，知识图谱理论是进行中国管理研究演进脉络最合适的方法。具体的研究方法与过程可参见第三章的论述部分。

在第四章的"中国管理理论概念研究"的研究主题中主要采用内容分析法，并结合使用规范分析方法。内容分析法是一种对于传播内容进行客观、系统描述，以定量为主的研究方法。最早产生于20世纪初美国的新闻界，是对被记载下来的人类传播媒介的研究。后来发展为对包括书籍、杂志、网页、诗歌等各种文献为研究对象的研究方法（艾尔·巴比，2009）②。内容分析法是一个层层推理的方法，催生了很多的方法辅助软件或工具。其中，ROST Content Mining 是内容分析法常用的分析工具。内容分析法的适用范围比较广泛，在概念内涵探索与评价指标构建等领域也得到了有效的运用。因此，内容分析方法能成为中国管理概念研究的有效方法。具体的研究方法与过程可参见第四章的论述部分。

在第五章、第六章的"中国管理理论的构建研究"的研究主题中主要采用了扎根理论研究方法，并结合应用了规范研究方法。扎根理论是1967年由美国学者 Barney Glaser 和 Anselm Strauss 共同提出的重要的质性研究策略。扎根理论主张从原始材料入手，运用系统化程序归纳概括，并通过施加观察提炼理论概念和典型关系，进而构建理论模型和寻求现象本质。扎根理论是一种自下而上的探索性研究方法，注重抽象而非经验，强调证伪而非证实，没有理论检索与假设，通过观察与归纳构建理论。经过几十年的发展，扎根理论被应用到社会科学研究中，产生了巨大影响，被越来越多的学科和研究者所接受，在国内外已经成为一种非常重要的质性研究方法。在发展过程中，还延伸了程序化扎根和建构主义扎根流派。在扎根理论的三大流派中，程序化扎根理论被国内学者最广泛使用，主要应用在新概念、新构念和新理论的构建研究中。因此，扎根理论能够成为中国管理理论研究框架模型的有效方法。具体的研究方法与过程可参见第五章的论述部分。

① 陈悦，陈超美，刘则渊，等 . CiteSpace 知识图谱的方法论功能［J］. 科学学研究，2015，33（2）：242–253.
② 艾尔·巴比 . 社会研究方法（第11版）［M］. 邱泽齐，译 . 北京：华夏出版社，2009：318–328.

最后，在第四部分，即第七章的研究结论与未来展望部分采用规范分析方法。主要通过规范分析方法将本书的研究过程、研究内容、研究结论以及本书的研究贡献与不足进行了系统梳理与归纳总结，提出了未来的研究方向。

二、技术路线

本书的研究内容主要包括演进脉络、概念重构、评判维度、研究框架模型（研究范式）等几大板块，并以指导和推动中国管理研究与理论创新为终极目标，以提出促进理论构建的发展策略为落脚点。全书研究的具体技术路线如图 1-1 所示。

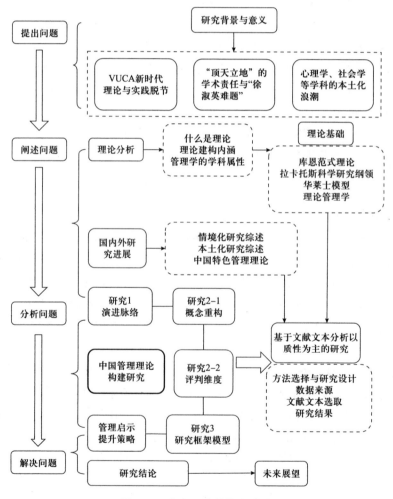

图 1-1　本书研究的技术路线

资料来源：笔者整理绘制。

第四节 研究创新点

第一，搭建了中国管理研究与理论构建研究的分析框架。在整合现有研究成果的基础上，区别于以往基于某一内容或某一视角的分析框架，遵循"问题—分析"的总体分析逻辑层次，搭建了本书"演进脉络—概念重构—评判维度—研究框架模型"的系统分析框架。本书分析框架内的各模块层层递进、相互影响、关系明确，涵盖了从理论产生到理论形成的整个过程，基本实现了中国管理研究视角的全面性和系统性。

第二，统一了中国管理研究的概念命名，重构了中国管理理论的内涵及判断维度。通过中国管理研究的概念演变分析，基于中国知网数据库（China National Knowledge Infrastructure，CNKI）中的学术传播度、学术关注度、学科分布和相关词等指数分析，统一了中国管理研究的概念名称，即"中国管理理论"。将内容分析法运用到中国管理研究的概念研究领域中，重构了中国管理理论的概念内涵及判断标准。中国管理理论是指以中国传统文化为根基，直面中国管理实践，采用中国特有的研究框架范式构建的管理理论或管理知识，旨在有效地解决中国管理面临的问题，更好地解释和指导中国管理实践。通过对概念内涵的延伸探讨，分析结果表明中国管理理论并非指具有中国特色的管理理论，也非指管理理论在中国，具有"中国空间、中国文化、中国故事、中国语言"四个判断维度。

第三，构建了中国管理理论开发与创新的研究框架模型。通过扎根理论的三级编码方法提炼了核心范畴，构建了中国管理研究与理论构建的研究框架模型，即"多元研究思维、多元研究路径、二元时空研究边界、多元科学方法论和多元学术交流平台"，是涵盖了研究主体、研究客体（问题）、研究方法等为一体的理论构建范式。通过多元研究框架模型论证了中国管理理论的构建需要多方因素共同推进。

第四，提出了分支理论和范式理论的概念定义。基于库恩的范式理论指导，将中国管理理论的研究成果分为分支理论、范式理论和实践案例类理论。分支理论是指与理论体系相呼应的概念，范式理论是在分支理论基础上延伸发展的，是分支理论构建的指导理论，重点研究理论构建的研究范式与研究框架。

第二章　理论基础、文献综述与
分析框架

管理研究或管理理论构建的研究对象，通常可以分为两大类：一类是以管理活动和管理实践为对象，另一类是以管理理论和管理知识为对象。本书主要以中国管理研究中形成的管理理论和管理知识为研究对象。管理研究与理论构建是相辅相成的，理论构建是管理研究的重要目标，管理研究是实现理论构建的重要手段。结合研究问题，辨析和界定理论、理论构建等与管理研究相关的概念，阐述理论构建的知识基础是非常必要和重要的。根据研究目标，本书引入了库恩的范式理论、拉卡托斯的科学研究纲领理论、华莱士模型和理论管理学等理论基础。近年来，国内外关于中国管理理论构建的研究内容不断丰富，分析视角持续拓展，对现有的中国管理理论构建的文献进行梳理是本书研究的重要工作。最后，结合研究目标和文献回顾分析结果，在库恩范式理论、拉卡托斯科学研究纲领等理论指导下，搭建了本书"演进脉络—概念重构—评判维度—研究框架模型"的研究分析框架。

第一节　相关概念辨析与界定

对涉及和影响科学研究的相关概念进行辨析和界定是保障研究顺利进行的必不可少的环节。基于研究目标和研究内容，本章主要涉及管理、管理理论、理论构建的内涵以及管理学的学科属性等相关概念的界定。

一、管理与管理理论

1. 管理的本质

关于管理是什么以及管理的本质，最经典的论述是彼得·德鲁克（Peter F. Drucker）的学说。1954 年德鲁克创立的"现代管理学"，将管理的本质精辟地概括为：管理是一种实践，其本质不在于知，而在于行；其验证不在逻辑，而在于成果；其唯一权威性就是成果，即成果是检验理论的唯一标准。西方还有多位著名管理学家也探究了管理学的本质。如科学管理之父泰勒认为，管理活动涉及管理方法、管理客体和管理目标三个基本要素，管理旨在通过用最好的方法指导管理客体去实现管理目标。明茨伯格认为，管理的本质是"做事"，而不是去"控制人"，管理是指管理主体对管理活动进行的组织、协调等职能，通过对人以尊重、平等、信任、合作和分享来优化相关资源，去实现一定价值的社会活动（程少川，2016）①。西蒙也从管理职能角度提出管理就是制定和执行决策的过程。因此，管理的研究对象不仅限于管理活动和管理实践，但凡在具体的管理活动或实践中涉及的人、财、物都属于管理学的研究对象（张树旺等，2016）②。

2. 理论及构成要素

理论是学术研究最重要的组成部分，也是学术发展的伟大成果和推动力，在科学研究与学科发展中具有基础性作用。西方对于何为理论多有讨论，但却始终无法达成共识。综述起来主要是从"理论是什么"和"理论不是什么"两个角度来论证理论的内涵。第一个视角是"理论是什么"。理论是通过现象背后的实体或过程来揭示规律性，从而对现象提供更深入和更准确的理解（Hempel，1966）③。理论是逻辑上相互关联并在实际上能够获得支持的若干命题（Merton and Shapere，1974）④。理论是研究边界假设、一系列概念、命题和变量的集合系统，是关于自变量和因变量的一种关系（Bacharach，1989）⑤。关于"理论是什么"和"理论应该是什么"还存在争议。综上所述，总结概括理论是属于一个包括猜测、推测、假定、猜想、命题、信念、假设、概念、解释、模型等词汇的家族群。第二个视角是"理论不是什么"。相比"理论是什么"，对"理论不是什么"学者们有着更多的共识。Sutton 和 Staw（1995）⑥强调，理论化是一个过程，但理论是一个结果。理论是描述或解释事件的结果，理论化是一个发展过程，要借用假设、图

① 程少川. 再思管理学学科性质与使命——管理学价值分析方法论探索之导引［J］. 西安交通大学学报（社会科学版），2016，36（2）：32-39.
② 张树旺，李伟，郭璨，等. 论本土实践经验对中国管理学的理论建构［J］. 管理学报，2016，13（10）：1456-1461.
③ Hempel，Wolfgang. Superbia als Schuldmotiv im Nibelungenlied［J］. Seminar A Journal of Germanic Studies，1966，2（2）：1-12.
④ Merton，R. K.，Shapere，D. The Sociology of Science：Theoretical and Empirical Investigation［J］. Physics Today，1974，27（8）：52-53.
⑤ Bacharach，S. B. Organizational Theories：Some Criteria for Evaluation［J］. Academy of Management Review，1989，14（4）：496-515.
⑥ Sutton，R. I.，Staw，B. M. What Theory Is Not［J］. Administrative Science Quarterly，1995，40（3）：371-384.

表、文献引用来完成理论构建过程（Dimaggio，1995[①]；Weick，1995[②]）。在理论化过程中的引用、数据、变量或构念、图表、假设以及参考文献，这些要素只可以作为理论构建的手段，但都不属于理论的范畴，不能被称为理论。理论强调在说明"是什么"的同时，也要解释"为什么"和"怎么样"。

尽管，学者对"理论"的定义没有达成统一的共识，但对理论的基本构成要素有较明确的认识。理论要素包括代表"是什么"的"概念与变量"，"怎么样"的"命题与假设"，"为什么"的"原理机制"，以及"什么时候"的"边界范围"。

3. 理论的标准及功能

关于理论尤其是好理论的品质或最基本的功能，学者们总结为好的理论首先要满足"相关性"和"有效性"两个维度。相关性是指理论的相关性，更是指实践的相关性；有效性是指研究必须满足的理论的深度和内外部的效度（Tsui et al.，2004）[③]。自然科学理论越来越注重"理解和解释"，而非"证实"和"证伪"。因此，好的管理理论应当具有解释现象和预测未来的功能。

二、理论构建

1. 理论构建的内涵

要想回答好如何构建理论，首先要对"理论构建（Theory building）是什么"做好说明与阐述。目前在管理学界的研究中，有的学者习惯用"构建"（Structure/Builders）一词，有的学者偏好用"建构"（Tectonic）一词。两者的区别是什么？本书选取的标准是什么？根据百度百科的词条分析，"构建"是指全方位、多角度、深层次的建立，多用于抽象事物。比如，构建新的学科体系，构建社会主义和谐社会。"建构"是来自建筑学的词语，原指建筑起一种构造，是在已有的基础上进行"建立"，在文化研究、社会科学和文学批评领域应用得比较广泛。尽管两者都有建立的意思，但构建是指通过归

---

① Dimaggio, P. Comments on "What theory is not"［J］. Administrative Science Quarterly, 1995, 40（3）: 391–397.

② Weick, E. K. What Theory Is Not, Theorizing Is［J］. Administrative Science Quarterly, 1995, 40（3）: 385–390.

③ Tsui, A. S., Schoonhoven, C. B., Meyer, M. W., et al. Organization and Management in the Midst of Societal Transformation: The People's Republic of China［J］. Organization Science, 2004, 15（2）: 133–144.

纳研究提出新概念和开发新理论（Colquitt and Zapata-Phelan，2007）[①]，更适合中国管理研究的现状，创造新的概念和理论。姜红丙等（2016）[②] 在论证理论视角下，将理论构建定义为是产生、检验和改进理论的过程。"构建"一词其内涵更大，不仅有开发探索的意义，还包含了"建构"的内涵，有改造、改善等内涵与外延，是阐释、评价、修正、拓展理论的一个综合过程。因此，本书最终选取了"构建"一词，而且是指构建"好的"理论，也符合本书的研究目的和意义。

2. 理论构建与管理研究的关系

理论在科学研究与学科发展中具有基础性作用。但与社会科学和人文科学等其他学科相比，管理学在"理论构建"领域与主题方面的研究处于劣势状态。学者也开始从管理研究过程来探讨什么是理论构建，以及理论构建与管理研究的逻辑关系。《管理评论》在 1989 年、1999 年、2011 年三度围绕"理论建构"进行了集中讨论。《管理学中的伟大思想：经典理论的开发历程》系列研究成果也在讨论理论构建的途径。学者们一致认为，理论构建是个过程活动，是由"抽象、归纳、联系、选择、解释、综合和使其理想化"所组成的活动（Weick，1995）[③]。理论的开发与完善必须经历创造过程和阐释过程（井润田、卢芳妹，2012）[④]。因为管理研究的终极目标是改善和创新管理实践，只有实现了理论贡献的理论构建才能真正地称为理论构建。因此，理论构建主要涉及三项活动或三个步骤：创造理论、阐述理论和评价理论。因为知识生产与创造理论是科学研究的重要目标，管理知识的产生就是理论构建过程，理论构建又是衡量管理知识的重要指标。

综上所述，管理研究与理论构建之间的逻辑关系表现为：理论的构建必须要借助科学管理研究才能完成，而理论建构是管理研究的重要目标，两者相互作用、相互影响，是良性循环的科学研究过程（邹国庆等，2009）[⑤]。所以，也不奇怪会有学者把管理研究等同于理论构建甚至管理理论，将理论

① Colquitt, J. A., Zapata-Phelan, C. P. Trends in Theory Building and Theory Testing: A Five-Decade Study of the Academy of Management Journal [J]. Academy of Management Journal, 2007, 50（6）: 1281-1303.

② 姜红丙, 刘跃文, 孙永洪, 等. 论证理论视角下的管理理论构建研究 [J]. 管理学报, 2016, 13（1）: 7-17.

③ Weick, E. K. What Theory Is Not, Theorizing Is [J]. Administrative Science Quarterly, 1995, 40（3）: 385-390.

④ 井润田, 卢芳妹. 中国管理理论的本土研究：内涵、挑战与策略 [J]. 管理学报, 2012, 9（11）: 1569-1576.

⑤ 邹国庆, 高向飞, 胥家硕. 中国情境下的管理学理论构建与研究进路 [J]. 软科学, 2009, 23（2）: 135-139, 144.

解释为一种描述性的科学研究过程。本书在第四章的研究中也进一步论证了理论构建的内涵，将"中国管理研究"等同于"中国管理理论"，有时也会根据行文的语境，在"中国管理研究"与"中国管理理论"之间进行措辞切换。

三、管理学的学科属性

管理学的"学"指的是学科，并非科学。学科属性在管理学及其科学研究中处于一个最核心的位置。只有清楚地界定管理学的学科属性才能顺利地进行管理研究和理论构建。但自管理学诞生以来，管理学界和学者们对管理学学科属性的界定研究就没有停止过。争论的焦点主要有：管理学是一门科学（自然科学）、管理学是一门社会科学、管理学是一门人文科学（吕力，2012）[①]。

自1911年泰勒的《科学管理原理》一书出版以来，泰勒和他的追随者们在追求严格和规范化的管理模式和管理科学原理的同时，提出管理实践要从注重"经验"过渡到重视理论体系的"科学"阶段，提出管理学是一门科学。学者们在维护管理学学科的合法性的同时，也不断地向"科学化"靠拢。基于对"物"的研究，使管理科学具有科学的特质。管理学是一门理论与实践联系极为紧密的学科，其研究对象是管理，具体又可分为：管理现象和管理活动。但无论是管理现象还是管理活动，无疑又是一种人类的社会活动或社会现象。因此，管理学也被纳入社会科学的范畴，具有社会科学的特质。但以德鲁克为代表的管理学家则认为管理学是关于人的尊严和价值研究的学问，主要研究领域包括人类价值、行为准则以及社会大秩序等。因此，管理学被纳入人文科学的范畴，具有人文科学的特质。与此同时，在研究管理学学科属性的基础上也诞生了诸如"社会人""经济人""自我实现人""复杂人""管理人""信息人"等人性假设理论。因而，人性假设也成为从社会科学、人文科学分离出来的管理学的研究逻辑起点。但"人"作为管理学的独特定位和要素，使管理学既远远偏离自然科学，也远离社会科学，向人文科学靠近。因此，管理学既不能成为真正的社会科学，也不能成为真正的人文科学，而是社会学与人文学的混合体，这也是广大学者基本同意的关于管理学的学科属性争论的结论。某一学科的学科属性同时也是由该学科领域的基本研究范式决定的，管理学的学科属性反映了管

---

① 吕力."直面中国管理实践"的根本性问题与作为"系统反思"的元管理研究 [J]. 管理学报，2012，9（4）：506-515.

理知识和理论的基本特征，认识这些特征有助于学习、研究和构建管理理论。管理学是介于自然科学与社会科学之间的学科，兼具人文属性。人文科学包括了以求真为目的的学识导向和以求善为目的的实践导向两种基本的研究范式，分别回答了"是什么"和"应该是什么"的研究目标（彭贺，2011）①。可见，管理学作为一门学科，一直在自然科学、社会科学与人文科学组成的学科谱系中，难以澄清自己的学科属性并进行具体的定位，如图 2-1 所示。

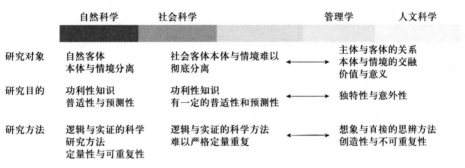

图 2-1　管理学学科定位频谱带

资料来源：根据文献整理绘制。

　　除了从上述学科分类角度来论证管理学的学科属性外，国内学者也尝试从其他角度来讨论管理学的学科属性。王迎军等（2015）② 从实践视角提出管理学要以管理为中心，不能一味地追求科学性。胡国栋（2016）③ 从科学哲学视角出发，构建了"人性—范式—学科属性"的分析框架，研究中发现管理学是以管理科学、管理伦理与管理艺术为一体的综合性知识。管理学不能只有科学维度，还要强调艺术维度和道德维度。科学维度注重科学性，而艺术维度和道德维度关注价值判断的重要性，三个维度要综合一体。

　　综观管理学的百年发展历史和学者们的争论，管理学是一门开放和动态发展的学科，是自然科学、社会科学与人文科学综合交叉的学科。因此，管理研究与理论构建既不是严谨的科学主义范式，也不是真正的人文主义范式，更多的是一个混合多元的研究范式。

① 彭贺 . 管理学研究中的"价值无涉"与"价值涉入"［J］. 管理学报，2011，8（7）：949-953.
② 王迎军，陆岚，崔连广 . 实践视角下的管理学学科属性［J］. 管理学报，2015，12（12）：1733-1740.
③ 胡国栋 . 科学哲学视角下管理学的学科属性、理论拓展与范式整合［J］. 管理学报，2016，13（9）：1274-1285.

第二节　理论构建的理论基础

结合本书研究目标，主要引入了库恩的范式理论、拉卡托斯的科学研究纲领理论、华莱士模型和理论管理学四个关于理论开发或理论构建的指导理论。

一、库恩的范式理论

"范式"术语是 1962 年由美国科学哲学家库恩（Thomas Kuhn）提出并在《科学革命的结构》一书中进行了详细论述。在库恩看来，每一个科学家都是在特殊的理解框架中来接近世界，这种框架就是范式。任何理论或学说都是建立在某种范式基础上的。尽管库恩的范式理论已经被广为知悉，但似乎库恩并没有给出一个关于范式的清晰定义。仅在《科学革命的结构》一书中，就有 21 种关于"范式"的类似名称和不同用法。国内学者也对"范式"理论进行了总结，学术界公认的类似术语有：模型、模式、框架、信仰、理论、事例（例证）、定律、规律、一致意见、专业判断一致、科学的成就、方法或方法的来源、应用、工具仪器等，以上术语都有可能成为某一时期、某一学科研究领域的范式。在以上所有的定义中，学者们认为，最为宽松的范式定义是模型、模式和框架（吕力，2009）[①]。根据以上使用的范式名称分析，范式具有精神工具和使用工具两个作用或功能。范式作为精神工具，典型表现就是假说、理论、方法和准则等，是科学家的共同信念，会推进形成科学共同体；范式作为实用工具，典型表现是范例、模型、思维框架等。比如，运用非常广泛的实证研究就是一种实用的工具类范式（章凯等，2014）[②]。库恩也明确给出了理解"范式"的两个方向：其一，形成的"范式"要能够吸引一批坚定的拥护者，形成科学共同体；其二，范式要为研究者提供需要解决的难题，并为他们提供解决问题的工具。

范式是科学理论研究的内在规律及其演进方式。在范式理论指导下，科学会不断发展与进步。但库恩也在反思一个现象和问题：每一种学说都会论证自己的"范式"，从而来自圆其说任何问题，会导致身处其中的人无法脱离出来看问题。由此，与"范式"这一概念同时产生的还有"范式转换"概念。库恩提出了要实现科学革命还需"前科学—常规科学—反常与危机—科

[①] 吕力."中国管理学"发展中的范式问题［J］.管理学报，2009，6（8）：1008-1012.

[②] 章凯，张庆红，罗文豪.选择中国管理研究发展道路的几个问题——以组织行为学研究为例［J］.管理学报，2014，11（10）：1411-1419.

学革命"的范式转换。需要对不断爆发的危机或出现的反常或异常的现象进行科学的改革。为了解决危机，科学共同体需要通过科学革命寻求新的理论范式，抛弃旧的范式，新范式建立之后就进入了常规科学时期，范式转换也就如此循环往复。

二、拉卡托斯的科学研究纲领

科学研究纲领（Scientific Research Programmes，SRPs）是由英国科学哲学家伊姆斯·拉卡托斯（Lmre Lakatos）提出的概念，并编著在《科学研究纲领方法论》中。科学研究纲领创立的目的是要解决库恩范式理论和波普证伪主义中所存在的问题。科学研究纲领主要由硬核、保护带、反面启示法和正面启示法四部分内容构成，最核心的内容是"硬核"和"保护带"。

基于科学研究纲领，一个成熟的或完整的理论体系必须包含"硬核""保护带""启示法"三个特征。"硬核"是指某一个科学研究纲领的基础理论部分，也是最核心的理论部分，地位是非常独特的，是不能"被证否"的，具有统领全局的作用。例如，万有引力定律是整个牛顿力学理论体系的理论支柱，是牛顿力学体系的硬核。硬核为研究者提供了一个基本的理论框架，如果硬核的权威地位被撼动，那么整个科学研究纲领就不复存在了，相应的理论大厦就会被倾覆。为了应对外来针对理论"硬核"的质疑、否定和反驳，拉卡托斯构建了由辅助性建设和描述初始条件所依据的规定或陈述组成的"保护带"。"保护带"并不是不可变更的，它所包含的假说是可以调整的，甚至是可以被替换的，具有很大的灵活性来应对反常。在"保护带"基础上，还构建了"正面启示法"和"反面启示法"，分别规定了科学研究者应该去做什么和不可以去做什么。决定一个研究纲领基本命题的理论组成了这个纲领的"硬核"，而从硬核衍生出来用于解释具体经验事实的理论则构成了硬核的保护带。在科学研究纲领的生成过程中，最先形成的是硬核，因为只有依靠硬核才能支撑起整个理论框架，支撑硬核逐渐形成的是周围的保护带，硬核决定了保护带的领域和范围。正面启示法和反面启示法所扮演的角色是为"硬核"和"保护带"制定规则。其中，正面启示法较反面启示法对研究者有更大的肯定性，更具有灵活性和积极主动性。

三、华莱士模型

Sutton 和 Staw（1995）强调，理论是一个结果，但理论化是一个过程。理论构建是管理研究的目标，研究的推导过程是理论形成的关键环节。所以，管理理论的构建过程就是管理研究的推导过程。很多学者在理论构建过程中参考和采用华莱士（Anderson，1971）①的科学研究推理模型，该模型将理论构建分为归纳和演绎过程、实证研究和理论研究，如图 2-2 所示的华莱士模型流程图。

华莱士模型中主要包括了理论（Theory）、假设（Hypothesis）、观测（Observation）和经验概括（Empirical）四个核心要素。四个核心要素之间存在着直接或间接的作用（于明等，2007）②，因而导致一个理论构建的推理过程是没有终端的 T-H-O-E 循环科学研究工作（王新春，2012）③。如图 2-2 所示，华莱士模型具体又可分为左右两半的"归纳研究—演绎研究"和上下两半的"理论研究—实证研究"。根据研究目的，本书重点阐述左右两半的"归纳研究"和"演绎研究"的研究模型与工作机理。左边的归纳推理研究是由 O-E-T 三要素组成的，表示归纳研究要先进行事实的观测，再运用数据统计和事实总结等概括出研究发现的经验定律或经验公式。右边的演绎推理研究是由 T-H-O 三要素组成的，表示演绎推理过程要先以某种理论为依据提出假设，然后观察测试，进一步验证假设，从而完成理论构建与机理解释。

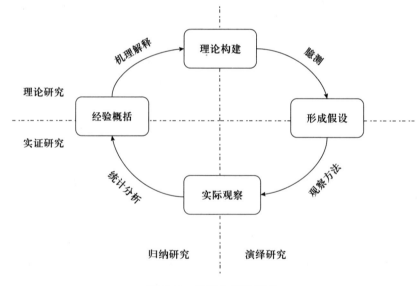

图 2-2　华莱士简易模型

资料来源：根据文献④整理绘制。

① Anderson，W. L. Quantitative Microscopic Holography ［A］// Quantitative Imagery in the Biomedical Sciences I ［C］. International Society for Optics and Photonics，1971.

② 于明，孙林岩，崔凯 . 管理研究的前期方法论 ［J］. 科学学与科学技术管理，2007（1）：38-43.

③ 王新春 . 高新企业人力资源优化配置的研究 ［D］. 济南：山东师范大学，2012.

④ 李怀祖，管理学研究方法论 ［M］. 西安：西安交通大学出版社，2004：71-73.

特别需要注意的是很多学者都会不自觉地对号入座，将"定量"和"定性"分别指向"演绎"和"归纳"。实则不然，不用数字也可以评价理论，归纳理论也可以用数字来完成。并不是所有的演绎法研究都是定量研究，也不是所有的归纳法研究都是定性研究。演绎和归纳的差异表现在逻辑推理过程和工作机理的不同、推理起点和循环终点的不同。

四、理论管理学

理论管理学是由国内学者张钢等（2013）[①] 提出来的一种基础研究导向的指导理论，旨在解决管理学科研究中的"科学性"和"实用性"相割裂和不平衡的问题。张钢等（2014）[②] 又通过梳理出管理中的"以组织为家的迷失""伟大管理者的迷失""人性化管理的迷失"等十大迷失，总结得出管理学科基础理论研究的缺失，正在呼唤着一门能作为管理学科理论基础的指导理论。管理学科是带有应用导向性质的学科，理论管理学首先试图回答"是什么"和"为什么"的问题，其次才是"应该怎么做"和"怎么做更好"，更像是一种逻辑分析和解释性的框架。就像法理学一样，致力于回答法律秩序、立法和司法背后更深层次的"是什么"和"为什么"的问题。因此，理论管理学更注重的是基础研究和应用研究，以求构建具有指导和咨询意义的理论构建的指导理论，是一门以求真为目的的应用管理学。

第三节　中国管理理论构建研究的文献综述

中国社会与经济的飞速发展，催生了更多新的管理实践、管理现象和管理问题。现有成熟的西方管理理论不能全部或者很好地解释中国本土管理实践中的一些现象和问题，尤其是一些重大和特殊的管理现象。郭重庆（2008）[③] 认识到中国管理学界在学术研究上存在着"两张皮""插不上嘴""自娱自乐""吃别人嚼过的馒头"等现象，Tsui（2009）[④] 也指出当前中国管理研究生搬硬套西方的理论，没有真正地从中国管理的历史根源、传统文化，或当前的真实世界中开发和构建出具有实践指导意义的成熟理论。尤

---

① 张钢，岑杰，吕洁."理论管理学"是否可能？[J].管理学报，2013，10（12）：1736-1744.
② 张钢，李腾，乐晨.管理实践中流行的十大迷思[J].管理学报，2014，11（4）：492-501.
③ 郭重庆.中国管理学界的社会责任与历史使命[J].管理学报，2008（3）：320-322.
④ Tsui, A. S. Editor's Introduction–Autonomy of Inquiry：Shaping the Future of Emerging Scientific Communities [J]. Management & Organization Review, 2009, 5（1）：1-14.

其是在管理理论停滞创新的背景下（Edwards，2010）[①]，转换研究范式或者开发新的研究模式意义重大。创新新概念或新构念，构建本土管理理论已经成为国内外大部分学者的共识。因此，国内外学者开始关注中国管理的本土研究的必要性和对世界理论的贡献意义，期望能开发或探索出新的理论体系来解释和指导中国管理实践。

有无中国管理理论？为何要构建中国管理理论？如何构建中国管理理论等一直都是国内外学术界关注的课题。中国管理研究虽然起步比较晚，但在复制西方管理学研究范式以及自主创新的努力下，整体发展速度还是很快的（杨治等，2019）[②]。通过文献回顾发现，国内外管理学界和管理学者们主要是从"情境化""本土化"两个路径和视角来探究如何构建中国管理理论，实现既满足严谨性和切题性，又能用于解释中国独特的管理实践。

一、基于情境化研究的文献综述

国外关于中国管理研究或中国管理理论构建方面的研究文献不是很多，主要是以著名华人徐淑英为代表的学者进行了深入探讨和研究。尽管受西方文化圈的影响，徐淑英也一直在关注着本土管理研究。基于东西方思维意识的差异，提出中国管理研究的路径要采取"情境化"（Context）研究模式，从而推动了国内基于情境化路径的管理理论构建研究。情境化路径下的主要研究内容有：何为情境和中国情境，如何开展情境化研究。

1. 何为情境和中国情境

情境化研究在管理研究中越来越重要。在国外比较早的研究中，比较认可的情境是指组织的外部环境和内在个体的行为决策和思维过程及特征（Johns，2006[③]；Rousseau and Fried，2001[④]）。Ralston 等（2010）[⑤] 在对比美国、中国的管理者的工作价值观研究中，发现中国和美国的管理者在工作价值观上的分歧越来越大，中国的管理者在工作价值观上却是接近趋同的，认为导

① Edwards，J. R. Reconsidering Theoretical Progress in Organizational and Management Research［J］. Organizational Research Methods，2010，13（4）：615–619.
② 杨治，王砚羽，夏军. 中国管理研究的理论贡献［J］. 管理学季刊，2019，4（4）：15–28，152.
③ Johns，G. The Essential Impact of Context on Organizational Behavior［J］. Academy of Management Review，2006，31（2）：386–408.
④ Rousseau，D. M.，Fried，Y. Location，Location，Location：Contextualizing Organizational Research［J］. Journal of Organizational Behavior，2001（22）：1–13.
⑤ Ralston，D. A.，Pounder J.，Lo C W H.，et al. Stability and Change in Managerial Work Values：A Longitudinal Study of China，Hong Kong，and the U.S.［J］Management & Organization Review，2010，2（1）：67–94.

致出现这种差异的根本原因可以归结为社会文化和经济体制的差异。有学者基于文化和制度的差异对什么是情境化进行了重新界定。Li 和 Tsui（2002）[①]通过以 1984~1999 年在 20 本重要的国际期刊中发表的 226 篇关于中国情境的论文为研究对象，对中国管理研究的现状进行总结，发现在关于市场转型、企业成长与战略、社会网络、关系等研究主题中，学者们更多关注的是中国独特的文化和制度。从文化和制度视角初步界定了何为"中国情境"。Tsui 等（2004）[②]指出，情境不但是指文化、制度和历史带来的挑战，还有使组织形态变得复杂的经济改革、自由化和社会关系等因素，情境的层次内涵被提高了。关于什么是中国情境，至少包括以下双重含义：一是宏观层面，如中国独特的制度、法律和经济环境；二是微观层面，具体是指一些新的企业文化变量和维度，如公司、企业形成的核心价值范式，甚至还包括有着不同教育水平和文化背景的员工之间的类似于相互理解、相互帮助、相互接受等的交互行为和信念等。情境不是简单地指外部环境，而是指一个多层次的动态和复杂的系统，情境可以给组织带来多重影响。因此，在现有理论应用到新情境中的时候，要注意情境化。

2. 如何开展"情境化"研究

如何进行情境化研究？Tsui（2006）[③]指出，要注意现象的情境化、理论的情境化、测量的情境化和方法论的情境化。现象的情境化是指用西方管理理论解释中国本土现象，最终实现"由内而外"的主位取向。理论的情境化是指不能仅单纯地复制西方理论以及在中国情境下的重复检验，而且要实现对有价值、富有洞见的知识进行挖掘和创新。更多情况是测量的情境化，它是在主流实证研究范式影响下，强调西方发展的构念在中国情境下是富有意义的。方法论的情境化强调了要对中国人的行为和心理如何测试给予重视。通过情境化路径进行管理科学研究可以采用两种方式：情境化理论和理论情境化。前者更注重理论的调整和发展，实现"理论的贡献"；后者识别潜

① Jiatao Li，Tsui，A. S. A Citation Analysis of Management and Organizational Research in the Chinese Context：1984—1999［J］. Asia Pacific Journal of Management，2002（19）：87–107.

② Tsui，A. S.，Schoonhoven C.B.，Meyer M.W.，et al. Organization and Management in the Midst of Societal Transformation：The People's Republic of China［J］. Organization Science，2004，15（2）：133–144.

③ Tsui，A. S. Contextualization in Chinese Management Research［J］. Management and Organization Review，2006，2（1）：1–13.

在新理论，实现"对理论的贡献"（Whetten，2009）[1]。Jia 等（2012）[2] 为了全面了解中国管理学发展 30 年来的理论贡献，系统地总结了国外有影响力的期刊上关于中国情境的管理理论研究。借助 Whteeen（1989）关于理论的界定，指出一个情境（"谁""什么时候"以及"哪里"）能够通过考虑"构念"（What）、"关系"（How）以及"论断 / 逻辑"（Why）来产生理论贡献。同时还开发了情境主位的研究模型，构建了一个包含"情境不敏感、情境敏感以及情境特定"的实证研究的情境化评价模型。中国管理理论的相关研究在不断增长，但是真正扎根于中国情境进行研究的高水平论文还是较少，仅仅只是关注了"关系""人情"等方面的研究，而更多的论文仍然还是西方理论在中国的发展与应用。

近些年，徐淑英也一直在倡导和鼓励情境化的研究，国内一些学者也开始将研究视角聚焦在"情境化"研究上。情境化的概念、内涵和路径也是国内学者关注的焦点问题。苏敬勤、吕力、李海洋、任兵等学者在"情境化"研究领域也有丰硕的研究成果。进行中国管理理论构建要深度情境化和诠释，要从质性研究方法上突破，去实现创新（吕力，2012）[3]。苏敬勤和张琳琳（2015）[4] 对 12 个有影响力的国内管理领域期刊的文献进行了扎根分析，得出中国管理研究有直接利用、现象分析和情景分析三种情境视角的路径。任兵和楚耀（2014）[5] 认为，"现象驱动"能有效引导学者们进行情境化研究，另外"理论—启发"思想路径也能推进情境理论的研究。只有将情境化知识放到普适化的理论背景中，实现两者的有机融合，才能实现中国管理理论的创新（李海洋、张海燕，2016）[6]。

3. "中国管理的理论"和"管理的中国理论"的研究路径

在展望中国管理研究的发展上除了提出"情境化"研究路径外，徐淑

① Whetten, D. A. An Examination of the Interface between Context and Theory Applied to the Study of Chinese Organizations [J]. Management & Organization Review, 2009, 5（1）: 29-55.

② Jia, L., You, S., Du, Y. Chinese Context and Theoretical Contributions to Management and Organization in Research: A Three-decade Review [J]. Management and Organization Review, 2012, 8（1）: 173-209.

③ 吕力. 深度情境化与诠释管理学的质性研究方法 [J]. 科学学与科学技术管理, 2012, 33（11）: 31-37.

④ 苏敬勤, 张琳琳. 情境视角下的中国管理研究——路径与分析框架 [J]. 科学学研究, 2015, 33（6）: 824-832, 858.

⑤ 任兵, 楚耀. 中国管理学研究情境化的概念、内涵和路径 [J]. 管理学报, 2014, 11（3）: 330-336.

⑥ 李海洋, 张海燕. 情境化知识与普适化理论的有机结合——探索中国管理学研究的理论创新之道 [J]. 管理学季刊, 2016, 1（4）: 1-17, 135.

英等学者还提出了"中国管理的理论"和"管理的中国理论"两条研究路径或研究模式（Barney and Zhang，2009）[①]。所谓"中国管理的理论"（Theory of Chinese Management，TCM）是指将中国作为试验田，在中国管理情境中检验西方理论，为中国所用，侧重于在中国背景下运用与完善其他情境中发展出的管理理论，但并未产生新的有别于西方已有的组织形态和管理理论，内在逻辑在于追求管理理论的普适性。实际上，中国一直都在走这一条道路。"管理的中国理论"（Chinese Theory of Management，CTM）是指在中国历史沉淀背景下以及特定的文化情境下，着力中国管理研究和创新理论，解析、验证中国特色情境下的企业管理实践现象，会产生不同于西方已有的组织形态、管理模式和管理理论。关于如何实现"中国管理的理论"和"管理的中国理论"，李平（2010）[②]认为，走"中国管理的理论"这条路是没有话语权的，更多的是情境差异化的理论诠释；走"管理的中国理论"这条路不但能从根本上解决理论与实践脱节的问题，还可以掌握主动权，对构建中国管理研究的国际话语权是有益的。因此，"管理的中国理论"是当前中国学者急切期望发展的一条道路（吴照云、张兵红，2018）[③]

二、基于本土化研究的文献综述

徐淑英不但提出了中国管理研究"情境化"的路径（Tsui，2004）[④]，而且还指出高度的情境化就是本土化的研究（徐淑英、张志学，2011）[⑤]。国内外一些学者也意识到情境化研究并没有构建新理论而是在发展旧理论（Whetten，2009[⑥]；Jia et al.，2012[⑦]），尤其国内学者并不提倡"情境化"研究。李平（2010）[⑧]认为，中国管理研究的"情境化"可能是一个伪命题，只

---

① Barney，J.，Zhang，S. The Future of Chinese Management Research：A Theory of Chinese Management Versus a Chinese Theory of Management［J］. Management and Organization Review，2009，5（1）：15-28.

② 李平.试论中国管理研究的话语权问题［J］.管理学报，2010，7（3）：321-330.

③ 吴照云，张兵红.中国管理科学体系的未来构建［J］.经济管理，2018，40（9）：5-17.

④ Tsui，A. S. Contributing to Global Management Knowledge：A Case for High Quality Indigenous Research［J］. Asia Pacific Journal of Management，2004，21（4）：491-513.

⑤ 徐淑英，张志学.管理问题与理论建立：开展中国本土管理研究的策略［J］.重庆大学学报（社会科学版），2011，17（4）：1-7.

⑥ Whetten，D. A. An Examination of the Interface Between Context and Theory Applied to the Study of Chinese Organizations［J］. Management & Organization Review，2009，5（1）：29-55.

⑦ Jia，L.，You，S.，Du，Y. Chinese Context and Theoretical Contributions to Management and Organization Research：A Three-Decade Review［J］. Management and Organization Review，2012，8（1）：1731-209.

⑧ 李平.中国管理本土研究：理念定义及范式设计［J］.管理学报，2010，7（5）：633-641，648.

是一个情境差异的诠释，本质上是研究视角的独特，并非情境的独特。杨治等（2019）[①]明确指出，中国情境下的研究并不代表中国管理理论。吕力（2011）[②]也提出，中国本土管理学发展的可靠研究基础是"视角的独特性"，而不是简单的"情境的独特性"。本土管理研究可以将情境化作为基础，对本土管理观念和本土管理文化等进行研究，从而构建一个相对鲜明又有特色的"地方性知识"。所以，不同于国外基于"中国情境化"的研究，国内学者提倡要通过"本土化"路径和视角，通过扎根中国本土管理实践，探讨中国管理现象的"原汁原味"，从而进行中国管理研究和理论构建，增强本土管理的理论贡献（韩巍、曾宪聚，2019）[③]。情境化内涵要比本土化内涵宽泛，而且相较"情境化"研究，"本土化"研究挑战性更大。本土研究的价值在于创新的理论贡献要能对实际问题进行回应。因此，要解决中国管理实践面临的问题，并引领中国企业乃至社会经济腾飞发展，就必须依靠自己的管理研究范式来创新本土理论（陈春花，2010）[④]。

尽管中国管理研究在"构建理论"的道路上产生了分歧，质疑声不断，但"管理学在中国""直面中国管理实践""中国管理50人"等学术研讨和论坛，以及39位作者联名的倡议性文章《出路与展望：直面中国管理实践》等一系列特殊的事件都在加快推进中国管理研究的进展，丰富了中国管理研究与理论构建的研究成果。关于中国本土化管理研究的文献内容主要集中以下几大议题：是否要构建特色的或本土的中国管理理论，或是否存在中国管理理论，中国管理研究的路径选择，如何创建独特的研究方法论等。

1. 中国（本土）管理理论的必要性与合理性

自西方管理科学被引入中国，管理学界和实践者为之付出心血和意念后，对该领域进行了深入探讨，中国的管理研究已经在引进、吸收国外先进理论的研究阶段上向前迈出了一步。有学者认为已经开始创建符合国情与文化背景的中国管理理论[⑤]。如东方管理学，是中国本土管理研究的里程碑，其创立者苏东水先生当属中国管理研究的先驱者，引领和指引着中国本

① 杨治，王砚羽，夏军.中国管理研究的理论贡献［J］.管理学季刊，2019，4（4）：15–28，152.
② 吕力.中国本土管理学何以可能——对"独特性"的追问、确证与范式革命［J］.管理学报，2011，8（12）：1755–1761.
③ 韩巍，曾宪聚.本土管理的理论贡献：基于中文研究成果的诠释［J］.管理学报，2019，16（5）：644–651.
④ 陈春花.当前中国需要什么样的管理研究［J］.管理学报，2010，7（9）：1272–1276.
⑤ 直面中国管理实践　催生重大理论成果——国家自然科学基金委员会管理科学部第二届第一次专家咨询委员会扩大会议纪要［J］.管理学报，2005（2）：127–128.

土管理研究。还有和谐管理理论、善本管理理论、中国式管理理论皆为扎根中国传统文化而创建的具有中国特色的管理理论。但关于到底有没有中国式管理、中国管理学派、中国本土管理理论等的争鸣与研究从未停止过。郭重庆呼吁中国学者要"建立中国现代管理学,将管理学中国化"。2008 年的"管理学在中国"学术论坛也极大地推动了中国本土管理研究。会上"中国管理学"被首次提出,引起了管理学界关于直面管理实践的学术热议。高速发展的经济和丰富多彩的企业管理实践,已经为构建中国管理理论做好了基础性的准备(蒋东生,2018)[①]。区别于西方主流实证范式和西方哲学的中国传统哲学引起学者的注意和关注,学者们在尝试扎根中国哲学传统,以中国传统文化为根基并直面中国本土管理实践,构建一套完全不同于西方传统理论范式的中国本土管理理论体系。学者以其高度的责任感和探求心,并结合中国的管理实践提出自己的独到见解,形成了诸如"中国式管理""管理学在中国""中国本土管理""中国的管理理论""管理中国化""中国特色管理""中国管理学派"等研究成果,或者也可以称作分支理论的指导理论,即范式理论。

管理的本质是文化,而文化以及与文化息息相关的制度和哲学思想直接或间接地体现为管理活动和实践的差异(Chang and Hong,2000)[②]。东方有着不同于西方的管理实践与商业体系(Keister,1998)[③],中国管理研究要走出西方苑囿,才能催生新理论(Barkema et al.,2015)[④]。因此,从管理理论丛林的视角分析,就能很容易理解前文阐述的"中国本土管理理论""中国式管理""管理学在中国"等理论或范式是有其所在位置和合理性的。构建中国管理理论,不但可以破解西方理论无法解释中国独特管理实践的困境,也可以为世界管理知识带来新的积累与贡献。构建管理的中国理论也被越来越多的学者重视(李平,2010[⑤];韩巍,2009[⑥])。"中国管理学""中国管理学派"

---

① 蒋东生.从差异性事实出发建构管理学的中国理论 [J].管理学季刊,2018,3(2):19-23,145.

② Chang, S. J., Hong, J. Economic Performance of Group-Affiliated Companies in Korea:Intragroup Resource Sharing and Internal Business Transactions [J]. Academy of Management Journal, 2000(43):429-450.

③ Keister, L. A. Engineering growth:Business Group Structure and Firm Performance in China's Transition Economy [J]. American Journal of Sociology, 1998, 45(1):455-463.

④ Barkema, H. G., Chen, X. P., George, G., et al. West Meets East:New Concepts and Theories [J] Academy of Management Journal, 2015, 58(2):460-479.

⑤ 李平.中国管理本土研究理念定义及范式设计 [J].管理学报,2010,7(5):633-641,648.

⑥ 韩巍."管理学在中国"——本土化学科建构几个关键问题的探讨 [J].管理学报,2009,6(6):711-717.

等由于冠名了"中国"二字受到争议。近几年,随着中国管理研究的发展,"中国管理学""中国管理学派"等逐渐被"管理学在中国""中国本土管理理论"取代。其中,"管理学在中国""中国本土管理"呼声最高,徐淑英提出的"中国管理理论"也得到很高认可。在第四章的分析研究之后,本书将统一采用"中国管理理论"的概念命名。

至于是否可以提"本土管理理论"或"中国管理理论",学者们经过研究证明答案是肯定的。韩巍(2008)①从批判性和建设性角度论证了"管理学在中国"的合理性。李平(2010)②从本土研究的定义维度与客位视角的构建范式,论证了本土管理理论存在的合法性。井润田和卢芳妹(2012)③对中国管理理论的本土研究的内涵、挑战与策略进行了论证,也确立了中国本土管理理论的必要性和合理性。井润田等(2020)④又从"本土研究"与"区域研究"概念的区别论证了本土管理研究的合理性和重要性,指出本土视角是相对于全球视角提出的。由于不同国家的经济、社会问题以及相关的管理实践存在多样化和差异化(George et al.,2016)⑤,因此,本土研究提出的新概念和新理论不仅有利于地方知识的创新,也有利于全球知识的积累。中国管理理论的开发与创新体现了管理学界的自主性,也能进一步论证地方性知识是通往学术的自由之路(郭毅,2010)⑥。尽管构建本土管理理论是扎根于特定环境的研究,但是这并不意味着研究成果不具备世界意义或普适价值(陈春花等,2014)⑦。因此,中国本土管理研究更强调一种特殊的管理知识,暂时可能不具有普适性,但发展中国本土管理理论为一般管理理论也是可能的(高良谋,2015)⑧。王维萍(2016)⑨通过对比分析了1990~2015年的国内外有代表性和有影响力的管理期刊的关键词的聚类

① 韩巍.从批判性和建设性的视角看"管理学在中国"[J].管理学报,2008(2):161–168,176.
② 李平.中国管理本土研究理念定义及范式设计[J].管理学报,2010,7(5):633–641,648.
③ 井润田,卢芳妹.中国管理理论的本土研究:内涵、挑战与策略[J].管理学报,2012,9(11):1569–1576.
④ 井润田,程生强,袁丹瑶.本土管理研究何以重要?对质疑观点的回应及对未来研究的建议[J].外国经济与管理,2020,42(8):3–16.
⑤ George,G.,Kotha,R.,Parikh,P.,et al. Social Structure,Reasonable Gain,and Entrepreneurship in Africa[J]. Strategic Management Journal,2016(37):1118–1131.
⑥ 郭毅.地方性知识:通往学术自主性的自由之路——"管理学在中国"之我见[J].管理学报,2010,7(4):475–488.
⑦ 陈春花,宋一晓,曹洲涛.中国本土管理研究的回顾与展望[J].管理学报,2014,11(3):321–329.
⑧ 高良谋.管理学高级教程[M].北京:机械工业出版社,2015:479.
⑨ 王维萍.对中国式管理理论研究的回顾分析[D].大连:东北财经大学,2016.

差异，得出中国的管理研究是有独立的研究内容，部分研究内容是有异于西方管理研究的。研究结论表明，当前中国存在有特色的管理理论，但从管理理论的要素、构建过程、理论功能等方面分析，中国管理理论构建还处于理论的概念化阶段，并且还没有达到理论的基本标准，基本上没有形成理论体系。

2. 中国管理理论构建的本土研究路径及构建框架

想要从根本性上弥合中国管理理论与实践之间的鸿沟，解决中国管理实践中面临的问题，就必须要构建中国本土管理理论。直面中国管理实践是构建中国本土管理理论的最根本的出路（吕力，2012①，2015②）。学者们围绕着实践导向展开理论研究路径的探讨与理论框架的构建。陈春花和马胜辉（2017）③从实践论视角对基于中国本土管理研究的实现路径进行了探讨论证，对什么是管理实践进行了定义，提出了"实践模式—实践活动—实践者"三模型构成要素，并重点讨论了中国管理实践的特殊性，对亟待研究的相关管理实践问题进行了分类与总结。乐国林等（2016）④基于中国领先企业的实践，构建了以实践为中心的"实践—问题—命题/模型—学说"的4P方法论，为中国本土管理实践研究的方法论提供了建设性参考。罗纪宁（2010）⑤在研究破解中国管理理论落后于中国管理实践的问题上，提出了实践导向下的"物—事—人—心"的理论构建框架，并认为"心"层面的因素是决定组织管理系统最活跃的因素，也是未来中国管理学研究的重要任务。井润田和卢芳妹（2012）⑥建议在本土化研究中要采用投入型学术研究模型才能克服科学研究过程中面临的挑战。中国管理研究也必须构建中国特色的研究框架模型，才能克服模仿西方研究范式的单一研究视角（苏敬勤、崔

---

① 吕力."直面中国管理实践"的根本性问题与作为"系统反思"的元管理研究［J］.管理学报，2012，9（4）：506-515.
② 吕力.文化深层结构视角下管理的中国经验、逻辑及其扬弃［J］.管理学报，2015，12（11）：1571-1578，1645.
③ 陈春花，马胜辉.中国本土管理研究路径探索——基于实践理论的视角［J］.管理世界，2017（11）：158-169.
④ 乐国林，陈春花，毛淑珍，等.基于中国本土领先企业管理实践研究的4P方法论探索［J］.管理学报，2016，13（12）：1766-1774.
⑤ 罗纪宁.中国管理学研究的实践导向与理论框架——一个组织管理系统全息结构［J］.管理学报，2010，7（11）：1646-1651，1670.
⑥ 井润田，卢芳妹.中国管理理论的本土研究：内涵、挑战与策略［J］.管理学报，2012，9（11）：1569-1576.

森，2009）①。贾旭东等（2018）②在研究中国本土管理研究的国际化发展中，基于扎根精神构建了"管理'三元'模型""主位研究""客位研究"等概念。谢佩洪和魏农建（2012）③从本土化研究的"非本土、弱本土、强本土、全球整合"四个维度的分类展开研究，认为本土管理研究要进行阶段性的研究。

3. 研究方法论的探讨

探讨方法论之前，必须回顾梳理一下目前的管理学和理论构建的研究范式。因为研究范式会影响管理学者选择何种方法进行理论构建。受西方主流的实证主义范式的影响，国内学者也因追随潮流忽视了质性研究方法的使用，过于偏重定量研究方法（贾旭东、谭新辉，2010）④。理论与实践严重脱节的问题，也在呼唤新的范式、新的更匹配的方法论。创新科研范式是促进原创性研究的关键。值得欣喜的是，越来越多的学者在反思范式和方法论问题。在思考到底是西方实证主义的主流范式导致的问题，还是主流范式的局限问题和危机问题。实证主义科学研究范式正在发生深刻变革，未来应该更加关注研究内容、方法和范畴所发生的实质性变化。韩巍（2011）⑤在《论"实证研究神塔"的倒掉》一文中，构造了一个"问题—分析"框架，以李怀祖的《管理研究方法论》、艾尔·巴比的《社会科学研究方法》、陈晓萍等的《组织与管理研究的实证方法》和纽曼的《社会研究方法：定性和定量的取向》四本广被学者借鉴参考的流行研究方法论著作为案例研究样本，研究结果表明实证研究并非万能，同样具有局限性，证实了研究方法论转换的重要性。

随着中国管理本土化研究与理论构建越来越受到国内外管理学者的重视，如何选择和运用恰当、匹配研究问题的研究方法非常重要与关键。具有理论构建特质的质性研究方法受到学者们的肯定与青睐，尤其是扎根理论方法和案例研究被认为是构建中国本土管理理论的尚佳方法（范培华等，

---

① 苏敬勤，崔淼.基于适配理论的中国特色管理理论的研究框架：创新视角［J］.管理学报，2009，6（7）：853–860.

② 贾旭东，何光远，陈佳莉，等.基于"扎根精神"的管理创新与国际化路径研究［J］.管理学报，2018，15（1）：11–19.

③ 谢佩洪，魏农建.中国管理学派本土研究的路径探索［J］.管理学报，2012，9（9）：1255–1262.

④ 贾旭东，谭新辉.经典扎根理论及其精神对中国管理研究的现实价值［J］.管理学报，2010，7（5）：656–665.

⑤ 韩巍.论"实证研究神塔"的倒掉［J］.管理学报，2011，8（7）：980–989.

2017）①。《管理世界》从 2012 年起每年都举办"中国企业管理案例与质性研究论坛"，促进案例研究方法的创新与应用。贾旭东教授在探讨理论构建的理论知识和方法运用上，致力于研究扎根理论，在《管理学报》和《科研管理》期刊上发表了四篇关于扎根理论的代表性论文（贾旭东、谭新辉，2010②；贾旭东、衡量，2016③；贾旭东等，2018④；贾旭东、衡量，2020⑤）。学者们将贾旭东教授的四篇扎根理论文章称作是"扎根四部曲"，已经成为各高校和学者必读的关于扎根理论的文章。林海芬和苏敬勤（2010）⑥在分析研究方法的多样性和差异性的基础上，指出探索性与解释性案例研究方法的结合是当前中国管理研究较为适宜的方法，并归纳出准备阶段—案例获取与初步分析以提炼理论—构建理论并验证理论—整合形成管理创新理论四个阶段的实现过程。其中，第二个阶段、第三个阶段属于探索性案例研究范畴，最后一个阶段是探索性与解释性案例研究法的结合。

4. 本土管理理论的评价

在讨论构建本土管理理论的同时，已经有学者关注到还必须构建本土管理理论的评价体系。"发现规律、解释现象、指导实践"是中国本土管理研究目标和创建高质量的理论贡献的意义所在（陈春花等，2014⑦）。陈劲和阳银娟（2012）⑧认为，将纯粹的理论化和实践导向作为管理研究的评价维度，可能会阻碍管理研究的发展，必须重新构建研究评价的整合模型，在注重学术知识和经验知识等获取的基础上，提出了"理论与应用、知识与智慧"两个维度。实践性、理论性、推广性和验证性四个维度是管理实践研究的重要指标，被用来评价本土理论的价值贡献（陈春花、刘祯，2011⑨；陈春花等，

---

① 范培华，高丽，侯明君 . 扎根理论在中国本土管理研究的运用现状与展望 [J]. 管理学报，2017，14（9）：1274-1282.
② 贾旭东，谭新辉 . 经典扎根理论及其精神对中国管理研究的现实价值 [J]. 管理学报，2010，7（5）：656-665.
③ 贾旭东，衡量 . 基于"扎根精神"的中国本土管理理论构建范式初探 [J]. 管理学报，2016，13（3）：336-346.
④ 贾旭东，何光远，陈佳莉，等 . 基于"扎根精神"的管理创新与国际化路径研究 [J]. 管理学报，2018，15（1）：11-19.
⑤ 贾旭东，衡量 . 扎根理论的"丛林"、过往与进路 [J]. 科研管理，2020，41（5）：151-163.
⑥ 林海芬，苏敬勤 . 管理创新研究方法探析：探索性与解释性案例研究法的结合 [J]. 科学学与科学技术管理，2010，31（6）：59-65.
⑦ 陈春花，宋一晓，曹洲涛 . 中国本土管理研究的回顾与展望 [J]. 管理学报，2014，11（3）：321-329.
⑧ 陈劲，阳银娟 . 管理的本质以及管理研究的评价 [J]. 管理学报，2012，9（2）：172-178.
⑨ 陈春花，刘祯 . 中国管理实践研究评价的维度——实践导向与创新导向 [J]. 管理学报，2011，8（5）：636-639，647.

2011[①])。

综合现有文献,国内管理学者在"理论与实践脱节—直面中国管理实践—多元化方法论—重构理论评价指标"等方面基本上达成了一定的共识,中国管理研究范式和中国管理理论的构建是学术界研究关注的热点。从中国传统文化和古典哲学中归纳总结出的理论层出不穷,但对到底什么是中国管理研究和中国管理理论,众说纷纭。章凯和罗文豪(2017)[②]通过审视学者在中国管理实践的内涵、使命和责任、目标和任务、对象、路径等研究结果,发现以上几个方面的研究存在较大的分歧,从而阻碍了中国管理理论的开发与创新。学者们构建的"管理学在中国""中国本土管理""中国的管理理论"等既没有形成一个统一的说法、概念内涵和研究结论,也没有形成学术界和实践界公认的科学研究范式,因而也就未能构建成一个系统的研究框架体系。因此,理论基础、科学范式、研究框架和方法论等问题依然是当前本土管理研究要面临的主要问题和挑战。

第四节　中国管理理论的成果梳理

改革开放 40 多年来,越来越多的学者不断尝试超越"理性与世俗"和"科学与人文"的思维范式,结合中国文化理念、哲学思想、制度与管理实践,对中国管理研究进行了探索,管理学的理论构建和学术讨论成绩斐然,提出了具有中国特色的管理理论。从研究的视角、路径和主题的不同,可以归纳为三种类型:特色分支理论、范式理论和实践案例类理论。其中,主要以传统文化和哲学等视角构建的特色分支理论体系比较成熟,是目前中国管理理论体系的核心主体。

一、特色分支理论

为了能够深入探寻中国管理理论构建研究的现状,本书采用"分支理论"概念来总括中国特色的管理理论成果系统,形成与中国管理理论体系的互相呼应。这些主要的分支理论基本上是从以下三条路径展开:第一条路径是从中国优秀传统文化或者哲学思想视角展开的研究,诸如儒家文化、道家文化、法家文化、易经、阴阳等。其中,关于儒家文化的研究最多,儒家文

---

① 陈春花,陈鸿志,刘祯.管理实践研究价值贡献的评价[J].管理学报,2011,8(6):791–795.
② 章凯,罗文豪.中国管理实践研究的信念与取向——第7届"中国·实践·管理"论坛的回顾与思考[J].管理学报,2017,14(1):1–7.

化中强调中庸、仁义、和谐、和合、君子、孝道等思想被学者广泛关注。扎根传统文化是推动开展管理学本土化运动的很重要的路径之一。通过挖掘和提炼中国传统优秀文化和哲学思想，形成了很多丰富的成果和理论体系。如苏东水的东方管理理论、席酉民的和谐管理理论、曾仕强的中国式管理（M理论）、成中英的C理论、齐善鸿的道本管理和黄如金的和合管理理论等，以及近几年陈春花和刘祯（2017）[①]、陆亚东和符正平（2016）[②] 提出的"水样组织理论"。这些理论中蕴含着丰富的中国传统文化精髓，学者们习惯称之为中国特色的管理理论。第二条路径是基于古代和现代的管理实践融合，凝练总结的特色理论。如当前对晋商、徽商和浙商等的研究，甚至还包括鞍钢宪法的研究（乐国林、陈春花，2011[③]；巩见刚等，2019[④]）。第三条路径是结合了心理学中关于中国人际交往中的关系、人情和面子等领域的研究，比较被认可的理论有：黄光国的"人情与面子"、罗家德的"圈子理论"和郑伯壎的"家长式领导"等。但对于第三条路径下形成的理论存在争议，认为还是西方理论在中国情境下的应用与验证，因而开发的理论并不属于真正意义上的中国本土管理理论（乔东，2015）[⑤]。如部分学者认为家长式领导、组织公民行为（OCB）、关系（Guan Xi）可以归纳为管理学领域的本土研究，但也有学者认为这些理论是建立在西方的"资源基础观"理论上发展的，是含有情境化的理论，"关系""市场转型""网络资本市场"也只是概念，还没有形成理论体系。因为存在着比较多的争议，因此，在本书分析中不将这几个理论归纳到中国管理理论的分支理论体系中。

　　以上三条路径下的分支理论都为本土管理理论的开发做出了贡献。这些研究成果或理论是目前最为成熟的，其根植于中国传统文化中的核心要素，以中国哲学为基础，适当融合西方管理哲学形成了本土管理理论。本书通过文献回顾，并结合《管理学报》的"管理学在中国"栏目和《外国经济与管理》"东方管理"栏目上发表文章的整理，归纳总结出目前能代表中国原创的管理理论体系和成果的主要有：和谐管理理论、东方管理理论、和合管理理论、中国式管理理论和水样组织理论等分支理论。表2-1列举了中国管

① 陈春花，刘祯. 水样组织：一个新的组织概念［J］. 外国经济与管理，2017，39（7）：3-14.
② 陆亚东，符正平. "水"隐喻在中国特色管理理论中的运用［J］. 外国经济与管理，2016，38（1）：3-14.
③ 乐国林，陈春花. 两部企业宪法蕴含的中国本土管理元素探析——基于鞍钢宪法和华为基本法的研究［J］. 管理学报，2011，8（11）：1575-1582.
④ 巩见刚，卫玉涛，高旭艳. 群众路线的管理学内涵以及在管理思想史上的地位研究［J］. 管理学报，2019，16（2）：184-192.
⑤ 乔东. 中国企业管理理论本土化研究的"关系"视角［J］. 理论学刊，2015（6）：62-67.

理理论的 12 个主流代表性分支理论，简单列举了各个分支理论的代表人物、核心内容和高被引或者下载量最高的文献出处（见表 2-1）。

表 2-1　中国管理理论的代表性分支理论

序号	代表理论	代表人物	理论主要核心内容	代表文献（被引最高文献或下载量最高文献）
1	和谐管理理论	席酉民	和、谐、耦合，应用在组织秩序上与组织约束关系上	席酉民，韩巍，尚玉钒.面向复杂性：和谐管理理论的概念、原则及框架［J］.管理科学学报，2003（4）：1-8.
2	东方管理	苏东水	"四治"治国、治生、治家、治身；"八人"人本、人德、人为、人道、人心、人缘、人谋、人才	苏东水，赵晓康.论东方管理文化复兴的现代意义［J］.复旦学报（社会科学版），2001（6）：109-113，118.
3	和合管理	黄如金	"天人合一、和而不同、整体和谐、厚德载物、和为贵"的"合和"思想	黄如金.和合管理：探索具有中国特色的管理理论［J］.管理学报，2007，4（2）：135.
4	中国式管理／"M"理论	曾仕强	中国式管理即中国式哲学，精髓是"修己安人"	曾仕强.中国式管理［J］.企业文化，2005（8）：74-77.
5	"C"理论	成中英	C 代表文明、文化以及变化之道，讲究以人为本等的孔子儒家伦理思想。是对应于美国的 A 理论和日本 Z 理论提出的	成中英，晁罡，姜胜林，等.C 理论、C 原则与中国管理哲学［J］.管理学报，2014，11（1）：22-36.
6	道本管理	齐善鸿	道本管理强调的是"道商"的特质，注重在企业管理中融入"道"的精神，来化解管理中主客体的矛盾	齐善鸿，曹振杰.道本管理论：中西方管理哲学融和的视角［J］.管理学报，2009，6（10）：1279-1284，1290.
7	善本管理	傅红春	关注管理理性与人文关怀的有机结合，以善为本，以道德与幸福的统一为终极指向的管理实践的指导理论	蒲德祥，傅红春.善本管理：中西哲学思想的探索［J］.管理学报，2012，9（5）：642-649.

续表

序号	代表理论	代表人物	理论主要核心内容	代表文献（被引最高文献或下载量最高文献）
8	势科学	李德昌	阐述科学与管理科学的信息化，其中"势"指的是传统文化整体性直觉的概念	李德昌.管理学基础研究的理性信息人假设与势科学理论[J].管理学报，2010，7（4）：489-498.
9	秩序管理	谭人中	确定"混乱与秩序"为统一的管理学研究对象，以"规律"为发展线索，以管理文化结合，构建成理论体系	谭人中.秩序管理概论[J].管理学报，2008（3）：345-357.
10	物理事理人理	顾基发	即物、事、人系统方法论，简称 WSR，主要关注"物"的运动机理和相关自然科学知识，同时提出组织管理系统最活跃的因素是"心"	顾基发.物理事理人理系统方法论的实践[J].管理学报，2011，8（3）：317-322，355.
11	整体管理理论	韩德强	整体管理理论关注的是企业员工的意志、激情、信念和信任等因素对企业组织管理的作用，还强调了企业家的思想和精神在组织管理中的重要作用	韩德强.整体管理——企业家的管理理论[J].管理学报，2010，7（11）：1595-1604，1620.
12	水样组织理论	陈春花	水样组织是指组织形态可以灵活地应对环境变化而不断演变实现企业持续竞争优势的新组织形态	陈春花，刘祯.水样组织：一个新的组织概念[J].外国经济与管理，2017，39（7）：3-14.

资料来源：笔者根据文献整理编制。

二、范式理论

库恩指出任何理论或学说都是建立在某种范式基础上的。范式的概念术语可能是模型、模式、框架、信仰等，或者是方法或仪器设备等。但形成的"范式"必须要能吸引一批坚定的拥护者，从而形成科学共同体，并为研究者提供需要解决的难题和解决难题的工具。"管理学在中国""中国管理理论""中国本土管理研究"等理论成果是在中国特色分支管理理论的研究基础上进行的质疑和反思，以思辨和探索为主题形成的成果，用来指导如何进行中国特色分支管理理论而构建开发理论的理论，主要讨论中国管理研究与理论构建的研究路径、方法论等，和库恩的范式理论内涵是吻合的。因此，本书将这种视角下形成的研究成果和理论定义为范式理论。

学者们在各个主流范式理论的研究范式指导下，对中国管理研究的关键问题进行了探究。如界定了本土管理研究概念内涵（李平，2010）[①]，提出了中国本土管理研究策略及范式设计（徐淑英、张志学，2011）[②]，阐述了本土管理研究的哲学基础（李平，2013[③]；韩巍，2014[④]）。郑雅琴等（2013）[⑤]构建了情境本位模型，为理论构建的情境化或本土化提供了理论指导。韩巍（2009）[⑥]也对中国管理情境研究、管理新理论的必要性等有关管理本土化学科构建的关键问题进行了探索。除以上研究内容外，还有其他关于本土管理研究的系统思考，如对管理学研究的后现代智慧的探索（黄光国，2013）[⑦]；中国式管理理论研究学术共同体以及学术制度的变革（郭重庆，2008[⑧]；郭毅，2010[⑨]；韩巍，2011[⑩]），商学院价值观与伦理（徐淑英，2016）[⑪]；管理学的科学性问题研究（韩巍，2017）[⑫]；对中国管理研究的话语权（李平，2010）[⑬]。中国管理学的范式理论研究进入了百家争鸣、空前繁荣的发展时期。

综上所述，基于围绕着研究目的、研究意义、研究路径等，中国管理学界形成了在研究成果内容、研究范式和知识基础等方面存在差异的众多范式

---

① 李平.中国管理本土研究理念定义及范式设计［J］.管理学报，2010，7（5）：633-641，648.
② 徐淑英，张志学.管理问题与理论建立：开展中国本土管理研究的策略［J］.重庆大学学报（社会科学版），2011，17（4）：1-7.
③ 李平.中国本土管理研究与中国传统哲学［J］.管理学报，2013，10（9）：1249-1261.
④ 韩巍.哲学何以在场：中国本土管理研究的视角［J］.管理学报，2014，11（6）：781-787.
⑤ 郑雅琴，贾良定，尤树洋，等.中国管理与组织的情境化研究——基于10篇高度中国情境化研究论文的分析［J］.管理学报，2013，10（11）：1561-1566.
⑥ 韩巍."管理学在中国"——本土化学科建构几个关键问题的探讨［J］.管理学报，2009，6（6）：711-717.
⑦ 黄光国."主客对立"与"天人合一"管理学研究中的后现代智慧［J］.管理学报，2013，10（7）：937-948.
⑧ 郭重庆.中国管理学界的社会责任与历史使命［J］.管理学报，2008（3）：320-322.
⑨ 郭毅.地方性知识通往学术自主性的自由之路——"管理学在中国"之我见［J］.管理学报，2010，7（4）：475-488.
⑩ 韩巍.管理研究认识论的探索基于"管理学在中国"专题论文的梳理及反思［J］.管理学报，2011，8（12）：1772-1781.
⑪ 徐淑英.商学院的价值观和伦理：做负责任的科学［J］.管理学季刊，2016，1（z1）：1-23.
⑫ 韩巍.情境研究另一种诠释及对本土管理研究的启示［J］.管理学报，2017，14（7）：947-954.
⑬ 李平.试论中国管理研究的话语权问题［J］.管理学报，2010，7（3）：321-330.

理论体系，如主流的范式理论有"东方管理学""中国式管理""中国特色管理理论""中国管理学派""管理学在中国""中国的管理理论"和"中国本土管理研究 / 理论"等。

三、实践案例类理论

第三种成果是基于管理实践角度出发的。越来越多的学者开始尝试通过密切跟踪，扎根企业，并深入剖析中国企业的管理实践，以案例方式阐述中国企业管理实践而形成的研究成果。围绕着中国的领先企业、"独角兽"企业等管理实践创新进行案例研究，实现理论创新。如以围绕张瑞敏领导的海尔集团的创新管理进行的案例研究形成的"人单合一""海尔制"理论。另外，目前也已经形成以专著形式的系统性理论成果，如陈春花等撰写的《领先之道》《协同》《共生》《激活个体》等，苏勇等学者进行的大型研究项目访谈，有针对性地访谈了国内杰出企业家代表，撰写了《改变世界：中国杰出企业家管理思想精粹》等系列论著。但由于以书籍类为载体，其传播速度比较慢、传播范围不够广泛，因此在后文的分析中不将论著形式的实践案例类理论作为研究对象，只统计和分析期刊科技文献载体中的分支理论与范式理论。

第五节　分析框架

一、切入视角

基于文献综述回顾与分析，国内外管理学界和学者主要从情境化和本土化两条路径来讨论中国管理理论构建，研究焦点主要集中在概念内涵、研究范式、创新理论和研究方法等问题和主题上。但在对如何选择研究问题、如何建构理论、如何选择研究方法、如何处理管理研究与实践相关性等探究方面，并没有形成清晰和系统的指导知识和理论（秦宇等，2014）[①]。另外，指导分支理论构建的范式理论在概念内涵上的不统一也严重影响了学者的研究方向。一是尚未提出一套系统的理论构建范式，导致理论贡献不足。中国管理研究仍然缺乏解决"知""行"分离的基本工具，亟待从哲学知识层面和方法论层面来探讨和推进本土化理论的构建（贾旭东、衡量，2016）[②]。尤其

---

① 秦宇，李彬，郭为 . 对我国管理研究中情境化理论建构的思考［J］. 管理学报，2014，11（11）：1581–1590.

② 贾旭东，衡量 . 基于"扎根精神"的中国本土管理理论构建范式初探［J］. 管理学报，2016，13（3）：336–346.

是要加强对科学哲学知识的掌握，才能有力地推动理论建构。二是未能形成可供参考的普遍共识的理论研究框架，导致学者不清楚应该在什么样的逻辑层次下，真正地开展"直面中国管理实践"的中国管理研究，开发和构建中国管理理论。因此，弄清楚到底什么是中国管理研究和中国管理理论，应该如何构建理论，是否能形成一定的逻辑框架尤为重要，且值得中国管理学者和实践者深思。本书认为，只有充分梳理清楚当前中国管理研究与理论构建到底处于一个什么样的研究发展时期和状态，才能够帮助学者们进一步理解什么是中国管理理论、为什么要构建中国管理理论，以及如何科学地构建中国管理理论。因此，本书研究将从中国管理理论的构建研究的演进脉络为分析视角展开全书研究。

二、本书分析框架

本书以中国管理理论或管理知识为研究对象，以科技文献文本作为样本载体，引入范式理论、科学研究纲领、华莱士模型以及理论管理学等指导理论。从中国管理理论构建研究的演进脉络为切入视角，并延伸到中国管理理论的概念研究，通过统一概念名称与概念内涵的重构，推进到中国管理理论的判断维度的界定，再扩展到中国管理理论构建的研究范式与框架模型的构建，最后落实到管理启示与发展策略的提出。整个研究分析过程体现了"问题—分析"的逻辑层次，最终构建了"演进脉络—概念重构—评判维度—研究框架模型"的研究分析框架，如图2-3所示。演进脉络研究部分主要是分析和阐述问题，概念重构、评判维度和研究框架模型部分的目的是解决所发现的主要问题，为构建中国管理理论提供参考和启示。

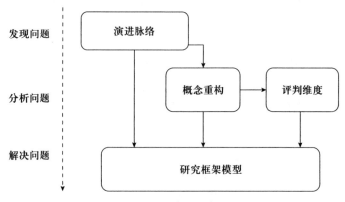

图2-3　本书分析框架

资料来源：笔者整理绘制。

第三章 基于知识图谱的中国管理理论构建研究的演进与分析

是否存在中国管理理论，文献回顾中已经给了比较清晰和肯定的答案。最早创立的中国（特色）管理理论是由苏东水先生提出的东方管理学，越来越多的学者追随苏东水，从文化或哲学思想等视角进行研究，形成了丰富的研究成果。本章基于知识图谱理论的指导，以 CSSCI 数据库为样本数据来源，通过在 CSSCI 数据库中检索 1998~2019 年与中国管理研究和理论构建主题相关的文献，最终获取了 561 篇施引文献和 7108 篇被引文献作为研究对象。主要运用 CiteSpace V 可视化软件描绘了中国管理研究的演变历程，系统探究中国管理理论构建的指导理论、知识基础、研究热点、前沿主题和核心作者群等，从而归纳出中国管理理论的研究特征与理论研究成熟度等，对未来的研究趋势做出预测与指导。

第一节 中国管理理论构建研究演进分析的必要性

如何构建中国自己的管理理论，发展管理的中国理论，或者发展管理理论的中国学派，服务中国管理实践发展，为世界管理理论知识的创新和积累做出中国的贡献，已经成为当前国内管理学界和学者们共同关注的重大问题和研究课题。目前，中国管理学（中国管理理论）处于一个什么样的研究发展时期和状态。国内外管理学者又如何在如此浩如烟海的管理理论和知识成果中梳理出中国管理理论的知识基础，又如何在动态中掌握中国管理研究的研究主题和研究热点，把握中国管理研究的主题分布及前沿趋势。通过文献回顾与分析，国内外学者很少对中国管理研究的整体发展进行梳理和分析，没有对相关的各种主题做出过系统的回顾和评价，缺乏对中国管理理论进展的整体图景、知识渊源和结构关系等方面的系统研究。因此，只有梳理清楚中国管理研究与理论构建的过去发展历史、现在的研究现状，才能给予在关于研究视角、研究方向和研究范式等方法论和哲学层面的研究主题提供科学合理的思路和指导。

过去在各学科或者各领域的发展规律中，通常是运用传统思辨式的规范研究方法，在面对复杂的中国管理理论和知识成果已然不适用。基于以上分析，本章将以"基于知识图谱的中国管理理论构建研究的演进与分析"作为研究内容，采用知识图谱方法为主的文献计量方法，实现文献分析与内容分析、实证分析与规范分析相结合的方法手段，来揭示中国管理研究与理论构建研究的演进内在规律。

第二节　研究方法与设计

一、研究方法

本章基于知识图谱理论的方法指导，以科技文献文本为研究对象，对中国管理研究与理论构建演进展开以文献计量法为主的文本分析与研究。文献计量法是以文献内容的数理统计为基础，研究目标文献的数量特征、研究热点、前沿分析、变化规律和知识结构分布的定量研究分析方法（周博文、张再生，2020）[1]。根据文献整理，发现知识图谱理论是目前国内外学者采用非常广泛的文献计量分析方法。知识图谱理论是指以知识域为对象，通过引文分析、共被引分析和耦合分析等，显示科学知识的发展进程、结构关系、规律和分布情况，生成不同类型的知识图谱，为研究提供的一种图像可视化分析（陈悦等，2015）[2]。使用知识图谱理论进行的研究领域已从最开始的图书情报领域向其他科学领域延伸，在工商管理领域也被广泛地运用，主要是对各研究领域的学科解读、知识结构的分析、研究进展的梳理以及动态演化关系的分析与研究（马腾等，2018[3]；谢伶等，2019[4]；赵曙明等，2019[5]；陆羽中等，2020[6]）。

本章主要运用 CiteSpace 软件，同时结合运用 Excel 软件来完成整个分析

① 周博文，张再生.国内外众创经济研究述评——基于文献计量与扎根理论分析［J］.当代经济管理，2020，42（3）：1-11.
② 陈悦，陈超美，刘则渊，等.CiteSpace 知识图谱的方法论功能［J］.科学学研究，2015，33（2）：242-253.
③ 马腾，贾荣言，刘权乐，等.我国创新网络研究演进脉络梳理及前沿热点探析［J］.科技进步与对策，2018，35（3）：22-28.
④ 谢伶，王金伟，吕杰华.国际黑色旅游研究的知识图谱——基于 CiteSpace 的计量分析［J］.资源科学，2019，41（3）：454-466.
⑤ 赵曙明，张紫滕，陈万思.新中国 70 年中国情境下人力资源管理研究知识图谱及展望［J］.经济管理，2019，41（7）：190-208.
⑥ 陆羽中，田增瑞，常焙筌.国际创业投资研究热点与趋势的可视化分析［J］.科研管理，2020，41（4）：250-262.

过程。CiteSpace 是 Citation Space 的简称，该软件是由陈超美开发的对科技文献进行科学的量化分析软件。CiteSpace 软件主要是通过对目标文献进行引文分析、共现分析和共引分析等可视化分析手段，呈现某一学科研究领域的知识结构与发展趋势，是"科学知识图谱"领域研究常用的分析软件，也是目前文献文本分析中极具有影响力的软件。运用知识图谱理论的方法对中国管理研究与理论构建的文献文本进行分析，不是简单的"数数"统计，而是对文献进行深刻剖析，主要包括以下三种方法：

1. 引文分析

引文分析是指运用数量统计对目标文献进行引证分析，解释引证数量、集散规律等，进而探索目标文献的凸轮集合、引证程度和测度结果等相关关系。通过引文分析，借助软件操作，可以找出高被引率的核心和关键的代表文献，探索某研究领域的关键节点，从而发现该领域的研究热点和前沿主题，探寻理论发展的演进路径和内在发展规律。

2. 共现分析

共现分析是指将各种信息载体中的共现信息量化的分析方法，以揭示信息的内容关联和特征项所隐含的寓意。根据分析研究的对象和内容不同，可分为关键词共现、作者共现和期刊共现等几种类型。关键词共现是最常用的，也称共词分析，是指对目标文献的关键词进行统计分析，通过对一组关键词统计它们在不同文献中出现的次数，找到能够表达文献核心内容的关键词组。以这些关键词在研究领域内出现频率的高低，来发现某领域研究热点和主题。

3. 共被引分析

共被引分析，是指两篇或两篇以上文献因多维度、主题亲疏和聚类关联等因素，同时被另一篇或第 N 篇文献分析引用（N≥1），用共引强度来测试文献类群的相关度。共引强度越大，说明这两篇或两篇以上的文献的学科背景越相似，在研究主题上存在很强的关联。根据分析的对象不同，具体又可以分为作者共被引、期刊共被引和文献共被引等几种类型。

综上所述，本章主要采用引文分析、共现分析、共被引分析，还将结合采用战略坐标轴法、社会网络分析和词频分析等研究方法辅助完成研究，来更为直观地展现中国管理研究与理论构建的核心内容、问题以及未来研究发展趋势。

二、研究设计

通过知识图谱的可视化分析，可以比较形象地呈现某一学科或理论

的知识基础、研究的热点领域、主题分布、主流学术群体，预测知识前沿
发展的最新动态和特征，为中国管理理论构建提供参考和指导。基于知识
图谱理论的方法指导，采用当前主流的知识图谱研究范式，本章研究设计
如下：

首先，通过文献共被引分析和期刊共被引分析，梳理出中国管理研究与
理论构建的知识基础及其演进，从而发现在中国管理研究与理论构建进展中
的核心关键文献和高影响力的期刊。其次，通过关键词共现和聚类分析，整
理出高频关键词和核心关键词，梳理并分析中国管理研究与理论构建的研究
热点内容和主题，并借助战略坐标图法对研究热点内容进行主题分类与分
析，预测未来可能的演进趋势。再次，通过关键词突现率和被引文献突现率
来探讨中国管理理论构建的研究前沿及热点变化，揭示中国管理研究与理论
构建的演进过程。最后，通过从发文机构及其合作情况、高产研究者和作者
合作网络图谱等几个方面探讨中国管理理论的研究空间、团队合作等主流学
术群体和核心作者，从微观层面揭示中国管理研究与理论构建的主流学术群
与核心代表作者。

基于知识图谱理论指导，本章主要以 CiteSpace V 软件为研究工具和技
术手段，选取了关键词（Keyword）的共现及聚类分析、文献共被引（Cite
Reference）分析和发文作者（Author）等可视化和统计功能，对精选中国管
理理论的样本文献文本进行研究与分析。通过借助软件中的这几个主要功能
来绘制中国管理研究与理论构建研究的知识图谱，得到预期相关的共现网
络、知识基础、研究热点和脉络演进，以便于更客观地认识该领域的研究态
势，系统地探索中国管理理论研究的演进与发展，为中国管理研究、理论构
建和研究框架的构建提供借鉴、参考和指导。

软件版本和参数设定。本章研究选用 CiteSpace V5.5R2 版本。文献数
据需先在 CSSCI 数据中下载，并转换成 CiteSpace 软件能直接操作的 WOS
格式。软件运行的参数设定基本选用系统默认数值。根据文献检索的时间
跨度，软件运行的时间设置跨度为 1998~2019 年，时间切割分区设置为
1 年，选择每个时间分区内出现频率最高的前 50 个数据，即 TOP50，作
者共现分析中选择频次排 5 个的数据，即 TOP5。其他的阈值设置为系统
默认。

第三节　数据来源与处理

一、数据库的选择

由于中国管理理论的构建研究主要集中在国内，国外研究甚少。若通过国外期刊查找文献的困难也比较大，预计收集的文献数据量达不到 CiteSpace 软件分析的文献数量要求。因此，本章研究不考虑国外代表性的 Web of Science™ 等数据库，样本文献主要从国内的中文数据中进行检索和选择。国内主流的中国知网、万方、维普和中文社会科学引文检索等数据库中，最具权威性和能保证文献质量的是中文社会科学引文索引数据库。

中文社会科学引文索引数据库（Chinese Social Sciences Citation Index，CSSCI），在后文中均采用简称"CSSCI 数据库"。CSSCI 数据库是由南京大学采取综合评价法，从全国 5000 余个社科数据库中遴选构成的。2019~2020 年版的 CSSCI 数据库中收录了 568 种不同学科的文献，其中包含了《管理世界》《经济管理》《南开管理评论》和《管理学报》等 36 种重要的管理学期刊，既充分地保证了本章检索文献的查全性和权威性，也进一步保障了研究对象的全面性和准确率。因此，通过 CSSCI 数据库，不但能够检索到收录的关于中国管理研究与理论构建的相关论文，还能够检索出收录论文的被引情况，下载的文献样本的单元信息能满足 CiteSpace 软件对文献信息的基本要求。因此，本章研究最终选择 CSSCI 数据库作为样本来源数据库。

二、检索词的确定

1. 基本检索词

应用知识图谱理论或方法进行文献文本分析的第一步是确定样本数据。本章的研究对象是中国管理理论或管理知识，代表管理理论或管理知识的分支理论和范式理论具体主要包括哪些理论成果，都会影响到检索的结果和研究结果。因此，确定准确的检索词非常重要。

根据文献综述部分关于中国管理理论成果的介绍与分析，将中国管理理论的分支理论与范式理论都纳入本章的检索范畴中，作为最基本的检索词。根据文献综述部分关于中国管理理论成果的分类，分支理论中的检索词确定为：和谐管理、东方管理、和合管理、中国式管理、道本管理、善本管理、中道管理、势科学、物理事理人理 /WSR、秩序管理、谋略管理、整体管理理论、C 理论、水样组织理论；范式理论中的检索词确定为：中国管理学、管理学在中国、本土管理／本土研究、中国式管理、中国的管理理论／中国管理理论、中国管理研究。特别注意的是东方管理学和中国式管理也可以归纳为范式理论。另外，在指导性的范式理论中，有学者强调要从中国管理哲学视角出发来开展研究，有必要增加"中国管理哲学"为检索词。2008年《管理学报》提出在"直面中国管理实践"的学术研究号召下，扎根于中国管理实践的理论也被学者广泛关注，本章也将"中国管理实践"增加到检索词中。海尔制／人单合一理论是扎根于中国管理实践并具有中国文化背景的实践类理论，已经被广泛复制，甚至被传播到国外，本章也将"海尔制／人单合一"增加到检索词行列。

因此，最终确定了以下涵盖中国管理理论的分支理论、范式理论和实践视角理论的检索词：和谐管理、东方管理、和合管理、中国式管理、道本管理、善本管理、中道管理、势科学、物理事理人理／WSR、秩序管理、谋略管理、整体管理理论、C理论、水样组织理论、中国管理研究、中国管理学、管理学在中国、中国的管理理论／中国管理理论、本土管理／本土研究、中国式管理、中国管理实践、中国管理哲学、海尔制／人单合一，共23个检索词为基本检索词。

2. 扩充检索词

为能保障检索结果的查全率，本章还参照由 Chen（2017）[①] 提出的"主题词综合检索"策略，即扩充检索词来保障查全率。通常采用的方法是通过知网主题检索分析、百度百科中的知识元检索和维基百科查询，寻找基本检索词的扩充词的方向有同义词、近义词、上位词和下位词等。例如，"中国式管理"的相近主题词有"中国式管理理论""中国式创新"；"和谐管理"的相近主题词有"和谐管理理论""和谐思想"；"和合管理"的相近主题词有"和合管理理论""和合思想"；"中国管理哲学"的相关主题词，有学者更倾向于直接使用"管理哲学"或"中国哲学"；"本土管理研究"在学者研究过程中也常常用"本土研究""本土管理"来命名。根据检索过程和检索结果来确定是否要扩充检索词，本章中不再对以上的23个基本检索词的扩充词的增加情况做详细描述。

三、检索结果

1. 检索方式与时间

文献的检索方式。本章将采用篇名和关键词分别进行模糊检索的文献检

---

① Chen，C. Expert review. Science Mapping：A Systematic Review of the Literature［J］. Journal of Data and Information Science，2017，2（2）：1–40.

索方式。根据设定的检索策略依次对以上 23 个基本检索词以"篇名"or"关键词"进行检索，同时以新增的扩充检索词为关键词或篇名进行扩充检索。即使用基本检索词和扩充检索词进行篇名和关键词的"or"检索，所有的检索过程都是进行模糊检索，以保障检索结果的查全率。如中国管理哲学的检索方式为"篇名＝管理哲学或关键词＝中国管理哲学，或关键词＝管理哲学"；本土管理／本土研究的检索方式为"篇名＝本土管理或篇名＝本土研究或关键词＝本土管理"；中国管理理论的检索方式为"篇名＝中国管理理论或关键词＝中国管理理论或关键词＝中国的管理理论"；海尔制／人单合一的检索方式为"篇名＝海尔制或篇名＝人单合一或关键词＝人单合一"。

文献的检索时期。检索年限的跨度设定为 1998~2019 年。选取的文献跨度时间，一方面是 CSSCI 数据库收录时间从 1998 年开始的，另一方面是因为在 21 世纪之前中国管理研究的相关文献非常少，基本是书籍著作类，传播度不够。

文献的检索时间为：2020 年 3 月 11 日至 15 日。

2. **检索结果**

通过检索最终获得分支理论和范式理论文献共 760 篇，其中范式理论文献 489 篇，分支理论文献 328 篇。因为存在范式理论和分支理论的重复性，所以两者总数大于 760 篇。文献数量排位前五的理论或检索词分别是和谐管理、管理哲学、本土管理／本土研究、中国管理学、和合管理。和谐管理理论的文献数量高达 142 篇，占了分支理论的 1/3 以上。另外，文献数量不足 10 篇的理论或检索词分别是整体管理理论、C 理论、海尔制／人单合一、道本管理、谋略管理、中道管理、水样组织理论／水式理论、善本管理。

为提高获取文献的精准率，本章再利用 CSSCI 数据中自带的高级检索剔除功能，将文献类型选择为"论文"，可自动地排除掉综述、评述、报告、传记类等学术性研究不强的论文，再通过阅读摘要对原始的检索结果不停地进行人工手动精练排除，最终清除与"中国管理理论"研究不相关、无作者、无摘要的文献共计 123 篇，其中包含 76 篇综述类文章。并将确定的文献从数据库中下载下来，下载结果以 txt 格式保存，分别以检索词为文件名保存在同一文件夹中。下载文献的单元内容信息必须包括文献的中英文篇名、作者、作者机构名称、关键词、摘要、基金和参考文献共七方面的内容。最终共得到有效总文献 637 篇，其中范式理论 380 篇，分支理论 301 篇，具体的文献数量如表 3–1 所示。

表 3-1 中的施引文献是指从数据库中直接下载的文献，即原文献；被引文献是指下载原文献中所引用的参考文献。必须注意的是，利用 CSSCI 数据库进行文献检索，对具体的分支理论和范式理论是采用分开检索策略。由于范式理论是在分支理论的基础上产生与发展的，一定会出现分支理论与范式理论之间的交叉重复检索的情况，必须要去重才能保障后期分析的可靠性和真实性。本章通过 CiteSpace V 软件中自带的去重操作功能来实现。具体操作过程是先将下载保存的 txt 文件，进行 WOS 格式的转化，形成 CiteSpace V 软件能直接进行操作的新文件。通过转化格式，637 篇中国管理理论的成功转化率为 99%，共转化成功施引文献 628 篇；380 篇范式理论的成功转化率为 99%，共转化成功施引文献 376 篇；439 篇分支理论的成功转化率为 99%，共转化成功施引文献 434 篇。然后再选择去重功能，得到每年清洗后的文献统计数。通过去重后，最终获得中国管理理论的有效施引文献 561 篇，包含 7108 篇被引文献；分支理论的施引文献 283 篇，包含 3194 篇被引文献；范式理论的施引文献 331 篇，包含 4584 篇被引文献，如表 3-1 所示。以上清洗转换后的文献文本就是本章最终要分析的样本数据集。

表 3-1　基于 CSSCI 数据库检索的中国管理理论文献数量（1998~2019 年）

序号	理论	检索初数量（篇）	剔除后数量（篇）
1	和谐管理理论	142	134
2	管理哲学	147	115
3	本土管理 / 本土研究	96	80
4	中国管理学	74	55
5	和合管理	39	36
6	势科学	30	28
7	中国管理实践	34	26
8	中国式管理	31	23
9	中国管理研究	22	22
10	东方管理	26	21
11	物理事理人理 /WSR	17	17
12	管理学在中国	31	16
13	中国特色管理	15	12
14	中国的管理理论 / 中国管理理论	13	10
15	秩序管理	10	10
16	整体管理理论	8	8

续表

序号	理论	检索初数量（篇）	剔除后数量（篇）
17	C 理论	7	7
18	海尔制 / 人单合一	6	6
19	道本管理	7	6
20	谋略管理	2	2
21	中道管理	1	1
22	水样组织理论 / 水式理论	1	1
23	善本管理	1	1
文献总数		760	637
最终清洗、转换并去重后的文献总数量		施引文献 561 篇，被引文献 7108 篇	
范式理论：清洗、转换并去重后的文献数量		施引文献 331 篇，被引文献 4584 篇	
分支理论：清洗、转换并去重后的文献数量		施引文献 283 篇，被引文献 3194 篇	

资料来源：笔者根据检索结果整理编制。

第四节　研究结果与可视化分析

本章是基于知识图谱理论的方法指导，主要运用 CiteSpace V 软件，并结合使用 CSSCI 文献计量趋势变化挖掘软件和 Excel 软件共同完成分析。按照设定的研究设计，分别对中国管理理论的总体发文趋势与发文期刊分布、知识基础、研究热点与主题趋势、研究前沿与演进脉络以及主流研究群体与核心代表作者共五个主题内容进行可视化分析。

一、基本统计分析

1. 发文时间分布及总体研究趋势

根据 CSSCI 数据库文献检索结果，以清洗后的文献数据为统计对象，同时借助 Excel 软件进行基本数据统计分析，对 1998~2019 年中国管理理论研究文献数据总体发文趋势进行整理和绘制，研究整体发展趋势如图 3-1 所示。同时，在图 3-1 中还呈现了范式理论、分支理论、和谐管理理论的年发文趋势。

综合观察，中国管理研究呈现了一个倒 "U" 形结构，可划分为以下三个阶段：

第一阶段，1998~2003 年是中国管理研究的起步发展阶段，年文献数量基本不超过 10 篇。这个阶段国内的管理理论基本上还是引进国外理论，照搬、照抄西方管理理论的理论构建阶段。

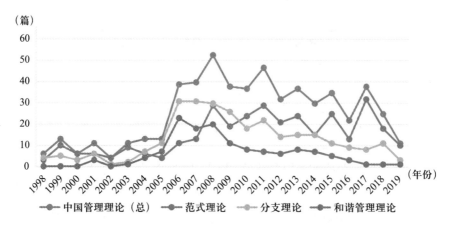

图 3-1   中国管理理论、分支理论、范式理论与和谐管理理论年发文趋势

资料来源：图中的数据使用的 CiteSpace V 软件的去重转换后的数据，和谐管理理论的数据直接来源于 CSSCI 数据库检索结果整理得到。

第二阶段，2004~2012 年是中国管理研究的快速发展阶段，年文献量已经远超过 10 篇。尤其是 2004~2008 年研究热度明显增幅，在 2008 年达到了峰值，年发文量接近 60 篇。2008 年之后基本是一个稳定快速发展的时期，这得益于"直面中国管理实践"和"顶天立地"的"负责任管理研究"的学术呼吁。

第三阶段，2013~2019 年是中国管理研究的稳定发展阶段，但出现了小幅度的下降趋势。一方面，是源于 CSSCI 数据库收录文献的滞后，带来检索文献不全的原因；另一方面，主要是由于目前管理学者始终还没有找到适合中国的研究视角、研究范式、研究方法和研究内容，加上各个分支理论和范式理论的研究基础、研究内容更深入和复杂，从而导致研究热度的退减。包括和谐管理理论在内的分支理论，在 2009 年之后都出现了研究热度退减的现象。从图 3-1 中还能发现范式理论与中国管理理论的研究发展趋势是基本同步的，这也说明了学者更加关注范式理论的研究。中国管理研究目前和未来的重要焦点和核心内容是如何构建中国管理理论。

2. 发文期刊分布

根据从 CSSCI 数据库中下载的 561 篇样本文献数据，应用 CSSCI 文献计量趋势变化挖掘 3.0 软件进行期刊发文时间和数量挖掘，并结合 Excel 软件，统计出 1998~2019 年各期刊发表的关于中国管理研究与理论构建的研究成果数量，如表 3-2 所示。表 3-2 列举了文献载文数量排名前 10 的国内重要期刊及其载文数量和影响因子。其中前 10 的期刊依次是：《管理学报》（199 篇）、《经济管理》（26 篇）、《科技进步与对策》（24 篇）、《管理世界》（17 篇）、《科学学与科学技术管理》（16 篇）、《外国经济与管理》（14 篇）、《图书馆》（13）篇、《中国行政管理》（13 篇）、《科技管理研究》（12 篇）、《求索》（12 篇）。还通过 CSSCI 文献计量趋势变化挖掘 3.0 软件挖掘整理出排名前 6 的期刊年发文数量，并绘制了趋势图，如图 3-2 所示。需要说明的是 2003 年以前的年发文量非常少，因此，图 3-2 中数据统计是从 2003 年开始绘制的。从图 3-2 中可以判断出《管理学报》是中国管理研究与理论构建的主要发文期刊，年发文量都在 10 篇以上，这得益于"直面中国管理实践"主导研究下创办的"管理学在中国"专栏。同时，也出现了波动的状态，出现了两个峰值，一个峰值年份是 2011 年，另一个峰值年份是 2017 年。《管理世界》《经济管理》等其他期刊的年发文量基本不足 5 篇，各年发文量是比较分散和零碎的，还出现了多次断裂的状态。

表 3-2　中国管理理论研究载文数量排名前 10 的期刊

序号	期刊名称	发文数量	复合影响因子	序号	期刊名称	载文数量	复合影响因子
1	管理学报	199	3.813	6	外国经济与管理	14	3.676
2	经济管理	26	4.264	7	图书馆	13	1.669
3	科技进步与对策	24	2.346	8	中国行政管理	13	3.259
4	管理世界	17	7.260	9	科技管理研究	12	1.604
5	科学学与科学技术管理	16	3.919	10	求索	12	0.881

资料来源：笔者整理编制。

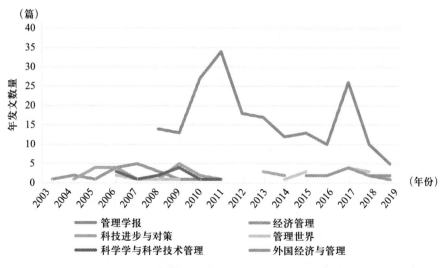

图 3-2　排名前 6 的发文期刊及年发文量的趋势

资料来源：笔者根据下载文献整理绘制。

二、研究的知识基础

知识基础是指某研究领域知识演进的前提与支撑，是通过关系链接而成的结构化网状引文共引轨迹，并将理论模式建立于信息数据之上，通过整理分类信息实现信息检索，利用知识合并和引擎链接实现关系抽取、知识识别和属性抽取（周博文、张再生，2020）[①]。李杰和陈超美（2016）[②]把知识基础简单概括为被引用的科学文献所形成的演化网络和共引轨迹，反映了某一研究领域的理论基础或知识基础。因此，高被引文献常常被视作经典，被视为某研究领域发展的代表和重要参考（张惠琴、侯艳君，2017）[③]。除了从文献本身来寻找到研究领域的知识基础外，刊载文献的期刊也可以决定文献资料的影响力，可以判断某些期刊对整个研究领域的推动作用及意义。因此，本章重点从文献共被引和期刊共被引两个方面的可视化分析来梳理中国管理理论及其构建的知识基础。

本节以前述 1998~2019 年的 561 篇施引文献的参考文献，即 7108 篇被引文献作为研究对象。可视化分析工具选择的是陈超美教授开发的 CiteSpace V 软件，具体采用 5.5R2 版本。通过绘制文献共被引网络图谱和期刊共被引网络图谱，是 CiteSpace V 软件展示学科知识基础的重要方法。在运行 CiteSpace V 软件前，按照上一节介绍进行参数设置，将切片时间（Years per Slice）设置为 1，将被引文献样本划分为 21 个时段；TOP N 设置为 50；其他的参数采用软件默认设置。采用的裁剪技术方式是最常用的寻径网络简化法（Pathfinder）和简化合并后的网络法（Pruning the Merged Network）两种方式的组合。在操作界面上分别选择文献共被引（Cited Reference）和期刊共被引（Cited Journal）功能后，运行 CiteSpace V 软件即可获得共被引文献网络图谱和共被引期刊网络图谱及相关节点信息。

1. 基于关键文献节点分析的知识基础

引用文献能够反映该领域整体知识基础，高被引文献被视为该领域的经典。基于 CiteSpace V 软件的知识图谱可视化分析，通常采用共被引频次（Frequency）和中介中心性（Betweenness Centrality）两个指标来衡量和选取

① 周博文，张再生.国内外众创经济研究述评——基于文献计量与扎根理论分析［J］.当代经济与管理，2020，42（3）：1-11.

② 李杰，陈超美.CiteSpace：科技文本挖掘及可视化［M］.北京：首都经济贸易大学出版社，2016：134-140.

③ 张惠琴，侯艳君.基于知识图谱的国内员工创新行为研究综述［J］.科技进步与对策，2017，34（11）：153-160.

经典文献。因此，构成中国管理理论研究的知识基础是由 7108 篇被引文献中的一组共被引频次和中介中心性都比较大的核心和次级关键文献组成，它们共同组成了中国管理理论的整体脉络，是中国管理理论的坚固理论基础的重要组成部分。因此，高被引文献能直接反映中国管理研究与理论构建领域的知识基础。

　　在共被引文献网络图谱中每一个圆形节点代表一篇引文文献，节点的大小表示该文献被引频次的多少，节点越大说明对应的文献代表的知识基础显示度和认可度越大。软件生成的共被引文献网络图谱如图 3-3 所示，图谱中中国管理研究与理论构建的共被引结构涵盖了 180 个节点和 345 条连线，网络密度是 0.0214。在图 3-3 中，郭重庆（2008）节点最为明显。文献的不同年份的引文时间序列状况，可以由节点的圆圈所呈现的颜色深浅及年环来表示，并成正比。节点的中心性通常是指链接某两个节点之间最短路径线总数之比，中介中心性高的节点是链接两个聚类的路上节点，在网络图谱中表示其地位的重要程度，其表达的理论知识基础即出现深度也就越大。在图 3-3中大于 0.1 的节点是软件生成的图谱中会用深色圆圈来重点标注的，这些节点在中国管理理论研究的知识演进中起到了关键的作用，是该领域最重要的知识基础。

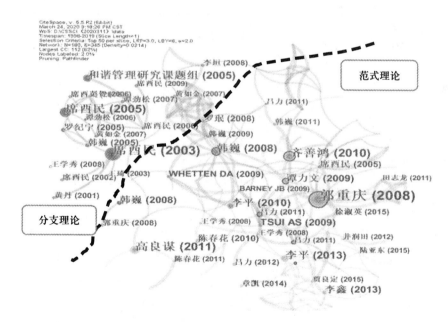

图 3-3　中国管理理论的关键共被引文献图谱（1998~2019 年）

资料来源：根据 CiteSpace V 软件生成绘制。

    根据运行后的数据信息，本节选取了共被引频次排名前 10 的节点文献，并补充了中介中心性排名前 10 的节点文献（含小于 0.1 的文献），排除重复的节点后，最终选取并整理编制了 12 篇核心关键文献的节点文献信息，文献编号依次为 L01~L12，如表 3-3 所示。通过文献的深度阅读，结合表 3-3 中关键节点信息分析，可以将图 3-3 的共被引文献图谱分为两部分：左上方部分的分支理论和右下方部分的范式理论。其中，韩巍、罗珉、郭重庆和席西民等学者是分支理论和范式理论的研究桥梁。排在前 12 位的重要节点文献中，只有 1 篇文献是关于分支理论的，即席西民（2003）的"和谐管理理论"，其余 11 篇都是关于范式理论的知识基础节点。说明截至目前，中国管理研究的热点和重点是如何进行中国管理理论构建。同时，还可以发现中国管理理论成果中被广泛传播的分支理论，大部分不是很成熟，基本处在概念化的阶段，没有形成理论体系。[①]

表 3-3   中国管理理论研究的核心关键文献及节点信息（1998~2019 年）

编号	第一作者	文献标题	文献来源	共被引频次	中介中心性	发表时间	知网被引次数
L01	郭重庆	中国管理学界的社会责任与历史使命	管理学报	20	0.11	2008	129
L02	席西民	面向复杂性：和谐管理理论的概念、原则及框架	管理科学学报	18	0.02	2003	299
L03	席西民	和谐管理理论的提出及其原理的新发展	管理学报	14	0.05	2005	263
L04	高良谋	管理学的价值性困境：回顾、争鸣与评论	管理世界	13	0.02	2011	74
L05	齐善鸿	出路与展望：直面中国管理实践	管理学报	13	0.13	2010	54
L06	韩巍	从批判性和建设性的视角看"管理学在中国"	管理学报	10	0.13	2008	45
L07	李平	中国本土管理研究与中国传统哲学	管理学报	10	0.05	2013	63

---

① 知网被引频次的检索时间是 2020 年 3 月 24 日。

续表

编号	第一作者	文献标题	文献来源	共被引频次	中介中心性	发表时间	知网被引次数
L08	李平	中国管理本土研究：理念定义及范式设计	管理学报	9	0.02	2010	54
L09	谭力文	论管理学的普适性及其构建	管理学报	7	0.16	2009	34
L10	吕力	管理学如何才能"致用"——管理学技术化及其方法论	管理学报	5	0.11	2011	46
L11	徐淑英	中国本土管理研究的理论与实践问题：对徐淑英的访谈	管理学报	5	0.08	2015	53
L12	贾良定	构建中国管理学理论自信之路——从个体、团队到学术社区的跨层次对话过程理论	管理世界	4	0.08	2015	39

资料来源：根据 CiteSpace V 软件生成整理编制。

接下来，将阐述 12 个重要节点信息的主要内容和影响。

按照节点文献的共被引频次排在首位的是文献 L01，是郭重庆 2008 年发表的论文《中国管理学界的社会责任与历史使命》①，该节点也是图谱中最为明显的节点。该论文在 CSSCI 数据库中的共被引频次为 20，中心性为 0.11，也是网络中最大的关键节点。通过中国知网数据库搜索，截至 2020 年 3 月 24 日该文献被引用频次达 129 次。在这篇论文中，郭重庆院士指出，中国管理研究要从西方管理学的"照着讲"转变为中国传统文化和中国管理实践的"接着讲"。管理学界和学者要清楚地认识到管理学是知行合一的致用性学科，学术研究要脚踏中国实地，直面中国管理实践，才能"顶天立地"，才能彰显在世界管理理论的话语权和世界地位。这篇文章不但提出了中国管理学处于重要的历史转折点，更重要的是引领了中国管理研究面向中国管理实践导向研究的一个新篇章。

节点文献共被引频次排在第二位和第三位的是文献 L02 和文献 L03，分别是席酉民等于 2003 年发表的论文《面向复杂性：和谐管理理论的概念、

---

① 郭重庆. 中国管理学界的社会责任与历史使命 [J]. 管理学报，2008（3）：320-322.

原则及框架》①和 2005 年发表的论文《和谐管理理论的提出及其原理的新发展》②。这两篇论文在 CSSCI 数据库中的共被引频次分别为 18 和 14，中心性分别为 0.02 和 0.05。通过中国知网数据库搜索，截至 2020 年 3 月 24 日这两篇文献被引用频次分别是 299 次和 263 次。这两篇论文论述了和谐管理理论提出的必要性，主要是源于高复杂性和不确定性的背景环境，构建了和谐管理理论的原则和框架。在中国传统哲学整体观影响下，以问题导向进行"优化设计"和"人的能动作用"的思路技术，论证了和谐管理理论的概念内涵、原则和系统性的框架，并不只是单纯的思辨和推理。

节点文献的共被引频次排在第四位的是文献 L04，是高良谋和高静美于 2011 年发表的论文《管理学的价值性困境：回顾、争鸣与评论》③。该论文在 CSSCI 数据库中共被引频次为 13，中心性为 0.02。通过中国知网数据库搜索，截至 2020 年 3 月 24 日该文献被引用频次达 74 次。这篇论文是为了奠基管理学 100 年的发展历程而展开探究的。论文主要围绕学者们关于管理学的学科属性争论，试图解决学科方法与理论构建方法等问题。其中，学科属性和构建方法是聚焦探讨的重点内容，而作为学科发展中最核心地位的学科属性，在"科学性"和"实践相关性"之间的选择与权衡的困境中受到挑战。

节点文献的共被引频次排在第五位的是文献 L05，是 2010 年由齐善鸿、白长虹和陈春花等 39 位作者联名发表的论文《出路与展望：直面中国管理实践》④。该论文在 CSSCI 数据库中共被引频次为 13，中心性为 0.13。通过中国知网数据库搜索，截至 2020 年 3 月 24 日该文献被引用频次达 54 次。这篇论文旨在呼吁中国管理研究要直面中国管理实践，去发现问题、解决问题、构建理论，这是中国管理研究的必由之路，并提出了 10 个中国管理学科发展的倡议和突破点。论文明确指出，只要是从中国管理实践中提炼和产生的管理知识和理论体系，都有可能贡献世界管理理论和管理实践。

节点文献的共被引频次排在第六位的是文献 L06，是韩巍于 2008 年发表的论文《从批判性和建设性的视角看"管理学在中国"》⑤。该论文在 CSSCI 数

---

① 席酉民，韩巍，尚玉钒．面向复杂性：和谐管理理论的概念、原则及框架［J］．管理科学学报，2003（4）：1-8.

② 席酉民，肖宏文，王洪涛．和谐管理理论的提出及其原理的新发展［J］．管理学报，2005（1）：23-32.

③ 高良谋，高静美．管理学的价值性困境：回顾、争鸣与评论［J］．管理世界，2011（1）：145-167.

④ 齐善鸿，白长虹，陈春花，等．出路与展望：直面中国管理实践［J］．管理学报，2010，7（11）：1685-1691.

⑤ 韩巍．从批判性和建设性的视角看"管理学在中国"［J］．管理学报，2008（2）：161-168，176.

据库中共被引频次为 10，中心性为 0.13。通过中国知网数据库搜索，截至 2020 年 3 月 24 日该文献被引用频次达 45 次。论文指出，"中国式管理""中国管理学""中国特色管理理论""中国管理学派"因为冠以"中国"字样的命名并不妥当，提出了"管理学在中国"的说法。并针对"和谐管理理论"的不完整和不规范进行了论述，同时还将"东方管理"与"和谐管理"对比分析得出，大部分中国管理理论因为缺乏"直面管理实践"的经验基础，更多的是"意识形态"，而非"管理理论"。中国管理研究必须直面管理现实，而且还有必要探索研究中国管理的独特方法论和中国式的学术范式。

节点文献的共被引频次排在第七位和第八位的分别是文献 L07 和 L08，是李平于 2013 年发表的论文《中国本土管理研究与中国传统哲学》[①] 和 2010 年发表的论文《中国管理本土研究：理念定义及范式设计》[②]。这两篇论文在 CSSCI 数据库中共被引频次分别为 10 和 9，中心性分别为 0.05 和 0.02。通过中国知网数据库搜索，截至 2020 年 3 月 24 日该文献被引用频次分别达 63 次和 54 次。在这两篇论文中李平教授对于迄今学界还无定论的"本土研究"概念进行了定义。论文中明确提出，本土研究必须要持主位立场，要针对本土现象及其独特性进行研究探讨。同时并不排除情境化研究，提出与高质量的国际标准接轨，并将中国本土独特性转为国际化是中国管理研究发展的长远目标。

节点文献的共被引频次排在第九位的是文献 L09，是谭力文于 2009 年发表的论文《论管理学的普适性及其构建》[③]。该论文是所有论文节点中中心性最高的文献，达到了 0.16，在 CSSCI 数据库中共被引频次为 7。通过中国知网数据库搜索，截至 2020 年 3 月 24 日该文献被引用频次达 34 次。这篇论文论证了用科学来阐释管理学的内在规律，构建普适理论是未来趋势。只有厘清管理学的本质、学科属性与学科具体的研究对象与内容等，才能更有益于实现理论的普适化。

节点文献的共被引频次排在第十位的是文献 L10，是吕力于 2011 年发表的论文《管理学如何才能"致用"——管理学技术化及其方法论》[④]。该论文在 CSSCI 数据库中共被引频次为 5，中心性为 0.11。通过中国知网数据库搜索，截至 2020 年 3 月 24 日该文献被引用频次达 46 次。论文指出，要解

---

① 李平. 中国本土管理研究与中国传统哲学［J］. 管理学报，2013，10（9）：1249-1261.

② 李平. 中国管理本土研究：理念定义及范式设计［J］. 管理学报，2010，7（5）：633-641，648.

③ 谭力文. 论管理学的普适性及其构建［J］. 管理学报，2009，6（3）：285-290.

④ 吕力. 管理学如何才能"致用"——管理学技术化及其方法论［J］. 管理学报，2011，8（6）：796-804，826.

决理论与实践脱节的问题，就是要解决管理学"致用"的问题，管理学的研究技术转向有效路径，要实现从"求真"转变为"致用"的目标逻辑。

节点文献的共被引频次排在第十一位的是文献 L11，是徐淑英和吕力于 2015 年发表的论文《中国本土管理研究的理论与实践问题：对徐淑英的访谈》①。该论文在 CSSCI 数据库中共被引频次为 5，中心性为 0.08。通过中国知网数据库搜索，截至 2020 年 3 月 24 日该文献被引用频次达 53 次。论文研究分析指出，构建中国本土管理的最佳范式是扎根中国传统文化和直面中国管理实践，才能解决中国管理研究学者实现从只能追求学术研究的严谨性，转变为"学术严谨性"和"实践相关性"两手抓两手都要硬的平衡。因此，未来中国管理学者要摆脱过去的文献模仿和没有创新的理论构建范式，要用探索性的研究方法和范式来构建和发展具有中国味道的新构念和理论。这样不仅能推进中国本土管理的研究，还能推进中国管理实践和新理论在世界管理实践和理论丛林中的影响和地位，从而贡献全球管理知识。

节点文献的共被引频次排在第十二位的是文献 L12，是贾良定等于 2015 年发表的论文《构建中国管理学理论自信之路——从个体、团队到学术社区的跨层次对话过程理论》②。该论文在 CSSCI 数据库中的共被引频次为 4，中心性为 0.08。通过中国知网数据库搜索，截至 2020 年 3 月 24 日，该文献被引用频次达 39 次。这篇论文采用案例研究方法，以六个管理学理论典范为研究对象，聚焦于理论构建的社会化活动过程而展开研究。研究结果发现，科学理论的构建起点是来自某个个体学者的思考，然后发展到形成一个个小范围学术团体的思想碰撞与合作交流，从而实现一个整合性的良性提升过程，最后提升到跨层次的整个学术社区的辩证对话过程。只有积极加入全球性和世界范围内的管理理论研究的学术社区对话，才能走出具有中国特色的管理学理论自信道路，才能将具有中国特色的管理理论制度化和体系化。

2. 基于时区视图的研究知识基础演进

知识基础会沿着时间的变化而突现演进，运用 CiteSpace V 软件生成的文献共被引时区图能够显示研究前沿的突进。时区图谱是按照时间顺序从左向右排列的一系列条形区域组成的，每一个条形区域代表了一个分段时区。从中国管理理论的文献共被引时区图中，可以清晰地看到中国管理研究最近几

① 徐淑英，吕力.中国本土管理研究的理论与实践问题：对徐淑英的访谈［J］.管理学报，2015，12（3）：313–321.
② 贾良定，尤树洋，刘德鹏，等.构建中国管理学理论自信之路——从个体、团队到学术社区的跨层次对话过程理论［J］.管理世界，2015（1）：99–117.

年的发展脉络,如图 3-4 所示。在图 3-4 中的●是突现文献,体现的是中国管理研究的知识基础发展变化趋势。因此,按照文献发表的时间序列,再参考各文献的研究内容,中国管理理论的知识基础演进变化的内容大致可以分为三部分。

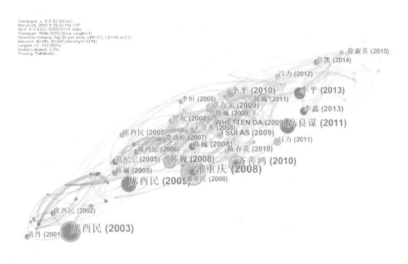

图 3-4 中国管理理论的文献共被引时区(1998~2019 年)
资料来源:根据 CiteSpace V 软件生成绘制。

第一部分,包括序号为 L02 和 L03 的两篇关键文献,主要是关于分支理论"和谐管理理论"的研究。从时间序列看,这两篇文献均发表于 21 世纪初,和谐管理理论作为基于传统文化视角的中国特色管理理论被广泛提及和接受。从研究内容上分析,主要是针对为何提出和谐管理理论,和谐管理理论的概念、框架、原则,以及该理论的新发展。这两篇文章都是刊发在期刊上的,说明已经有研究者和团队开始进行较成熟的研究。

第二部分,包括序号为 L01、L04、L05、L06 和 L09 的五篇关键文献,主要是关于"管理学在中国"与"直面中国管理实践"的研究。从时间序列看,这些文献均发表于 2008 年之后,集中于 2008~2011 年。相关的研究已经开始深化,从提出管理学界的社会责任与历史使命(L01),到管理学的价值(L04)与普适性理论的构建(L09),再到管理学在中国的出路必须直面中国管理实践(L06 和 L05)。从研究内容上分析,几位作者不但呼吁研究者要从照搬、照抄西方管理理论的研究范式中走出来,更要做负责任的研究,明确提出了具体的出路与展望是直面管理实践，要构建"管理学在中国"。

第三部分，包括序号为 L07、L08、L10、L11 的四篇关键文献，主要是关于本土管理研究及其理论开发的研究，这几篇文献基本上是发展了第二部分提出的"管理学在中国"研究的深刻讨论。但不同的是，认为真正能实现"管理学在中国"，构建新的适合中国管理实践的理论，必须要从本土视角出发，要基于本土现象、本土语言等来构建中国本土管理理论。中国本土管理研究的呼声在近几年越来越高，成为管理研究者们的共同声音。学者们也从历史、文化和哲学等视角阐述中国本土管理研究的可能性和发展性。尤其是文献 L11，在中国管理理论的演进发展中具有非常重要的地位和推动作用。

3. 基于共被引分析的知识基础期刊分布

基于期刊共被引分析，也能挖掘出研究领域的知识基础。根据 CiteSpace V 软件生成的共被引期刊数据，梳理了排名前 10 的国内重要期刊和中介中心性排名前 10 的国内重要期刊，如表 3-4 所示。

表 3-4 被引频次和中介中心性国内排名前 10 的共被引期刊或书籍

排名	共被引频次	年份	被引期刊或书籍	排名	中介中心性	年份	被引期刊或书籍
1	175	2006	管理学报	1	0.23	2004	和谐管理理论
2	80	2006	管理世界	2	0.23	2005	管理学
3	57	2004	管理科学学报	3	0.15	2008	哲学研究
4	40	2004	和谐管理理论	4	0.11	2004	科学管理原理
5	33	2007	经济管理	5	0.11	2006	管理世界
6	31	2008	科学学与科学技术管理	6	0.11	2007	经济管理
7	26	2006	管理工程学报	7	0.10	2006	管理学报
8	26	2008	和谐管理理论研究	8	0.09	2008	科学学与科学技术管理
9	23	2006	管理评论	9	0.09	2009	中国工业经济
10	22	2008	外国经济与管理	10	0.09	2010	中国社会科学

资料来源：根据 CiteSpace V 软件生成数据整理编制。

如表 3-4 所示，综合被引频次和中介中心性两大评价指数，影响力比较高的重要期刊有：《管理学报》《管理世界》《经济管理》《管理科学学报》《科学学与科学技术管理》《外国经济与管理》等。在共现图谱中显示的基本都是国内的管理学期刊，但也有少量的国外期刊，其中国外重要的被引期刊

及被引频次是 *Academy of Management Review*（78）、*Academy of Management Journal*（70）、*Administrative Science Quarterly*（51）、*Management and Organization Review*（45）、*Journal of Management Studies*（35）等。以上期刊都是国内外影响力比较高的管理学期刊，在引领中国管理研究有很大的推动意义。

三、研究热点与主题分布

关键词是文献核心内容的浓缩与提炼，高度概括了某研究领域的研究主题。高频度出现的关键词和高中介中心性的关键词更是代表某研究领域的研究热点。因此，梳理出核心关键词和高频关键词就能分析和揭示出中国管理理论的研究热点内容和主题分布情况。本部分以前述 1998~2019 年的 561 篇施引文献作为研究对象。运用 CiteSpace V 软件，具体参数设置参照本章第二节的介绍，将切片时间（Years per Slice）设置为 1，即被引文献样本划分为 21 个时段；节点阈值 TOP N 设置为 50，裁剪技术方式采用最常用的寻径网络简化法（Pathfinder）；其他的参数采用软件默认设置。在操作界面上选择关键词共现（Keyword）功能，运行 CiteSpace V 软件会自动生成得到关于中国管理理论研究的关键词共现图谱，然后在共现图谱基础上再选择聚类功能，即可生成聚类图谱。

1. 基于关键词的研究热点内容分析

关键词是论文主题和内容的高度概括与提炼，反映了一篇学术论文的核心和焦点问题。因此，可以通过关键词词频统计和共现聚类分析，归纳出样本文献所代表的学科领域内主流和代表性的研究主题，从而可以发现某研究领域内的热点内容和研究范式。根据 CiteSpace V 软件生成的关键词共现图谱，根据图谱数据整理出中心性大于 0 的关键词及其频次，如表 3–5 所示。在表 3–5 中，频次排名靠前的关键词分别是和谐管理理论（108）、管理哲学（86）、中国管理学（25）、管理学（18）、势科学（15）、和合思想（14）、中国管理实践（13）、中国式管理（10）。因为可能受检索方式的影响，核心关键词基本与检索词一致。因此，要同时结合关键词的聚类分析，才能厘清 1998~2019 年的中国管理理论研究的研究热点与主题分布情况。

运用 CiteSpace V 软件，在关键词共现基础上基于 LLR 算法的聚类，运行软件即可获得关键词聚类图谱，如图 3–5 所示。图 3–5 中显示的是由软件自动生成的排名靠前的 8 个关键词聚类，因此序号并不是连续的。8 个聚类分别是：#0 人性假设、#1 中国管理理论、#2 不确定性、#4 中国管理实践、#5 和谐主题、#6 管理学、#7 中国管理学、#9 和合思想。聚类结果的 Q 值为

0.7398，S 值为 0.5366，都满足判断值 Q≥0.5，S≥0.3，说明中国管理理论研究的聚类结果是合理的和高信度的。

表 3-5   词频频次高于 2 的中国管理理论研究关键词

关键词	词频	关键词	词频	关键词	词频
和谐管理理论	108	管理理论	8	中国管理理论	4
管理哲学	86	本土领导	6	学术争鸣	3
中国管理学	25	本土管理研究	6	理论开发	2
管理学	18	不确定性	6	管理理论创新	2
势科学	15	企业管理	5	文化哲学	2
和合思想	14	管理实践	4	本土化	2
中国管理实践	13	科学哲学	4	价值管理	2
中国式管理	10	管理学在中国	4	知识创造	2
管理科学	8	中庸	4	中国管理	2
中国管理研究	8	和谐社会	4	国家科技计划	2

资料来源：根据 CiteSpace V 软件生成整理编制。

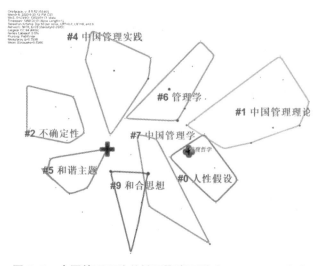

图 3-5   中国管理理论关键词聚类图谱（1998~2019 年）

资料来源：根据 CiteSpace V 软件生成绘制。

　　根据前文所述，2008 年是中国管理研究的重要历史转折点。因此，有必要针对样本文献的关键词进行分期的聚类分析，运行软件生成了如图 3-6 所示的两个不同期间的聚类图谱。其中，1998~2007 年聚类结果的 Q 值为 0.7333，S 值为 0.5368；2008~2019 年聚类结果的 Q 值为 0.6999，S 值为 0.6789。两个期间的聚类结果也都满足 Q≥0.5，S≥0.3 的判断值，表示 1998~2007 年和 2008~2019 年的这两个期间的中国管理理论研究的聚类结果是合理的和高信度的。

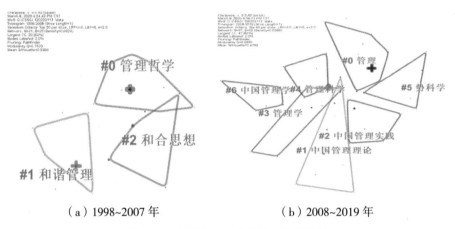

（a）1998~2007 年　　　　　　　　（b）2008~2019 年

图 3-6　中国管理理论关键词聚类图谱

资料来源：根据 CiteSpace V 软件生成绘制。

　　通过可视化结果分析，在 2008 年之前中国管理研究专注于围绕管理哲学（包含传统文化）视角的分支理论的研究，主要集中在"和谐管理"和"和合思想"两个理论的研究。2008 年之后，中国管理理论的研究重点之一依旧是沿袭了"和谐管理"理论，还出现了"势科学"这一新的分支理论。研究重点也出现了转移，更多学者开始关心和关注范式理论的构建与研究。

　　结合聚类图谱图 3-5、图 3-6 和表 3-5 中的信息，再根据文献内容的研读，归纳总结出中国管理理论的研究热点，如表 3-6 所示。中国管理理论的研究热点与内容共概括为六方面，又可以分别从分支理论和范式理论两部分来阐述。分支理论部分可以从不确定性的研究背景、人性假设的研究前提和特色管理理论（和谐管理、和合思想及势科学）三个方面概括和解释分支理论领域的研究热点；范式理论部分可以从管理学的学科属性，管理哲学研究与是否存在中国管理理论的研究，基于本土化研究、情境化、实践导向的研究视角与理论开发与知识创造的理论创新三个方面来概括和解释范式理论领域的研究热点。

表 3-6　中国管理理论的研究热点

研究热点	关键词	聚类名称
研究的背景	不确定性	不确定性
假设研究	—	人性假设
特色理论研究	和谐管理、和谐社会、和合思想、势科学	和谐主题、和合思想、和谐管理
管理学的学科属性研究	管理科学	管理学
管理哲学与是否存在中国管理理论研究	管理哲学、文化哲学、科学哲学、中国管理学、中国式管理、中国管理研究、中国管理理论、本土管理研究、管理学在中国	管理哲学、中国管理学、中国管理理论
研究视角（路径）和理论创新研究	中庸、本土化、中国管理实践、企业管理、中国管理、本土领导学术争鸣、价值管理、知识创造、理论开发、管理理论创新	中庸、本土研究、情境化、实践导向、中国管理实践、知识创造、管理理论

资料来源：根据 CiteSpace V 软件生成数据整理而编制。

第一部分：分支理论。

一是不确定性研究。不确定性是管理研究中的重要概念，通常是指那些人们难以准确认知的复杂性和变化性，体现在复杂环境中组织的应变能力。但学者们对不确定本身概念存在着一些分歧。李鹏飞等（2014）[①] 从哲学层面和类型维度，构建了一个整合性的多维不确定概念体系，发现不确定性的核心内容是随机性和无规律的，也是不可预测的，侧重于描述环境要素的状态及要素之间的关系，以及应对环境的管理回应。席酉民等（2005）[②] 通过研究发现环境的不确定性和理论的局限性会使人们在处理问题时受到更加直接的障碍，而对抗不确定性的确定感就是要开发和创新理论，和谐管理理论就是在高度不确定性和复杂性的背景下产生和发展的。

二是人性假设研究。人性假设（假说）是任何一门社会学科的逻辑起点，在管理学领域人性论也一直都被视为管理思想与管理理论的基石。但在管理学科领域内，一般不说"人的本质"，而是提倡"人性假设"的表

[①] 李鹏飞，席酉民，张晓军，等.管理中的不确定性：一个整合性的多维概念体系 [J]．管理学报，2014，11（1）：1-7.

[②] 席酉民，肖宏文，王洪涛.和谐管理理论的提出及其原理的新发展 [J]．管理学报，2005（1）：23-32.

述。在管理学中，任何管理理论的提出都是依据对人性的认识而提出的，每一种人性假设的提出都会催生出相应的新的管理理论，或者说新的管理理论的提出往往需要有能支持理论建立和完善的人性假设。综观人性假设的研究，包括专门从事思辨的哲学家在内的专家们都无法给出一个对人性的统一认识。思想家们和管理研究者根据自己积累的经验、获取的知识基础和自己的直觉提出各种不同的人性假设。西方管理理论在其发展的短短一百多年历程中，产生了如经济人假设、社会人假设、自我实现的人假设、文化人假设等各种人性假设（郝英奇、郑桂红，2014）[①]，为管理丛林的发展提供了基础支撑。

三是特色管理理论研究。特色管理理论一般是指基于传统文化、哲学视角和本土特有元素而创新的区别于西方的管理理论。和谐管理、和合思想和势科学就是分支管理理论中较为成熟，且被认可的理论体系。席酉民、黄如金和李德昌及各代表作者引领下的研究团队致力于各分支理论的发展背景、框架、原则的研究及其在企业管理实践中的应用，来推进各特色理论的发展与完善，努力构建和完善理论体系。

第二部分：范式理论。

一是管理学的学科属性研究。国内外学者关于管理学的学科属性的争论从未停止过，国内学者也在该领域研究甚勤，产生了丰富的研究成果。杨栋和魏大鹏（2013）[②]概括了西方关于管理学属性的三个争论：管理是科学还是艺术、管理是自然科学还是社会科学、管理科学是学院式科学还是后院式科学。关于这些争论西方得出一个模糊的结论：管理是科学与艺术的综合体。胡国栋（2016）[③]以科学哲学为基础理论，构建了"人性—范式—学科属性"的分析框架，研究发现管理学是以解决问题为导向的综合交叉的应用学科，兼具自然科学、社会科学与人文科学的学科属性特点。韩巍（2008）[④]也发现管理学研究要向社会学研究范式转变。管理学是一门理论与实践联系极为紧密的学科，中国管理学研究应该着眼于直面中国的管理实践。管理学的学科属性的界定不但是进行管理科学研究的基础，而且还会影响学者在具体理论构建中如何协调学术严谨性与实践相关性之间的矛盾关系（杨栋、魏大鹏，

---

① 郝英奇，郑桂红.人性本质的再认识——基于经济学实验的"层次人"假设［J］.暨南学报（哲学社会科学版），2014，36（8）：47–55.

② 杨栋，魏大鹏.西方管理学属性之争对中国管理学元研究的启示［J］.管理学报，2013，10（5）：625–631.

③ 胡国栋.科学哲学视角下管理学的学科属性、理论拓展与范式整合［J］.管理学报，2016，13（9）：1274–1285.

④ 韩巍.从批判性和建设性的视角看"管理学在中国"［J］.管理学报，2008，5（2）：161–169.

2013)①。

二是管理哲学研究与是否存在中国管理理论的研究。管理哲学是管理科学的生命源，是管理科学的一个批判者（成中英、吕力，2012）②。在过去很长一段时间，认为是不存在中国管理理论的，中国的管理哲学只是方法论，并不是具体的理论和方法。吕力（2011）③反思了管理学的元问题，从管理哲学视角反思和批判了当前管理学的主流研究范式。李平（2013）④探索了蕴含丰富智慧的中国传统哲学的核心内容，即"道""阴阳""悟"，中国的本土管理必须深深地扎根于中国传统哲学。中国管理哲学的创建者成中英教授专注于研究管理哲学，提出了C理论，类似于还有从中国传统文化出发的"和谐管理理论"、源于中国哲学的"道本理论"和基于中国文化与哲学的"中国式管理"，都可以论证是存在中国管理理论的。

三是基于不同视角下的中国管理理论的创新与知识创造研究。中国管理理论的研究视角和路径形成了三种不同的观点：第一个路径是情境化研究。任兵和楚耀（2014）⑤提出，任何研究都是在一定的情境下展开的，因为情境化可以产生新的洞见。因此，鼓励广大管理研究者在进行中国管理理论研究时要从中国的情境化视角出发。但似乎学者们也没有说清楚情境到底是什么？是地域的划分，还是文化、制度等的差异？也有学者置疑情境化是一种伪命题，目前的情境化研究基本是扩展和验证西方的管理理论，没有产生新的理论。第二个路径是本土化研究。不少学者尝试给本土化研究一个准确的定义，区别于情境化研究。李平（2010）⑥提出，只要是涉及独特现象，或者含有独特元素的，能以本土视角探讨其主位意义（本土性）以及客位意义（普适性）的研究，即可称为本土研究。简单来讲，就是从独特且新颖的视角研究某个独特本土现象或现象中的独特元素，包含了"是什么"（研究对象）、"为什么"（研究视角）、"怎样做"（研究范式）和"为何用"（研究应

① 杨栋，魏大鹏.西方管理学属性之争对中国管理学元研究的启示［J］.管理学报，2013，10（5）：625-631.

② 成中英，吕力.成中英教授论管理哲学的概念、体系、结构与中国管理哲学［J］.管理学报，2012，9（8）：1099-1110.

③ 吕力.管理学的元问题与管理哲学——也谈《出路与展望：直面中国管理实践》的逻辑瑕疵［J］.管理学报，2011，8（4）：517-523.

④ 李平.中国本土管理研究与中国传统哲学［J］.管理学报，2013，10（9）：1249-1261.

⑤ 任兵，楚耀.中国管理学研究情境化的概念、内涵和路径［J］.管理学报，2014，11（3）：330-336.

⑥ 李平.中国管理本土研究：理念定义及范式设计［J］.管理学报，2010，7（5）：633-641，648.

用）四个维度。徐淑英和吕力（2015）[①] 认为，只有真正进行探索性研究才能发展中国管理的新构念和新理论，本土化研究可以实现对比研究，促进本地管理知识的发展。本土化研究中的一个独特要素乃是文化的差异。同时提出针对一些从西方管理理论视角无法或者不能很好解释的中国管理实践，可以尝试从中国传统文化和哲学智慧视角进行解读。第三个路径是基于实践导向的管理理论构建的研究路径。近些年，"管理理论与实践脱节的问题""中国管理学研究向何处去""学术研究要顶天立地"等主题一直是学术界讨论的中心议题。2010 年齐善鸿、白长虹和陈春花等 39 位作者联合创作的文章《出路与展望：直面中国管理实践》[②] 反思了管理学研究存在的问题，呼吁中国管理学的研究只有直面管理实践，才能真正处理好管理研究的"学术严谨性"与"实践相关性"的平衡问题。无论是哪种视角下的管理研究，都在强调要实现知识创造、理论创新或理论开发。在第 7 届"中国·实践·管理"论坛上管理学界达成共识，管理学者不但要践行管理研究的科学使命和社会使命，还要致力于开发具有中国特色的管理理论。

2. **基于战略坐标图的主题分布分析**

战略坐标图（Strategy Diagram）是一种重要的共词分析方法，主要通过 X–Y 坐标轴将关键词进行聚类分析，从而更为直观地判断研究热点与主题发展趋势（夏恩君等，2017）[③]。构建战略坐标图在探究各研究领域的研究热点与趋势已经非常广泛和成熟了，基本形成了规范的研究步骤。参照杨朦晰等（2019）[④] 和夏恩君等（2017）的战略坐标图构建方式和路径，以关键词出现频率数字为 X 轴、中介中心度大小为 Y 轴，原点为关键词频次和中心度的中值。按照关键词共现图谱的顺序排列，通过整理共获取高频关键词频次大于 2 和中心性大于 0 的关键词共 30 个。30 个关键词名称以及相关的频次、中心性等信息如表 3–7 所示。

① 徐淑英，吕力.中国本土管理研究的理论与实践问题：对徐淑英的访谈［J］.管理学报，2015，12（3）：313–321.
② 齐善鸿，白长虹，陈春花，等.出路与展望：直面中国管理实践［J］.管理学报，2010，7（11）：1685–1691.
③ 夏恩君，王素娟，王俊鹏.基于知识图谱的众筹研究现状及发展趋势分析［J］.科研管理，2017，38（6）：1–8.
④ 杨朦晰，陈万思，周卿钰，等.中国情境下领导力研究知识图谱与演进：1949—2018 年题名文献计量［J］.南开管理评论，2019，22（4）：80–94.

表 3-7　中国管理理论研究的高频关键词象限

关键词	频次	中心性	象限	关键词	频次	中心性	象限
和谐管理理论	108	0.59	I	管理实践	4	0.01	III
管理哲学	86	0.89		科学哲学	4	0.09	
中国管理学	25	0.13		管理学在中国	4	0.05	
管理学	18	0.24		中庸	4	0.09	
势科学	15	0.04	IV	和谐社会	4	0.05	
和合思想	14	0.04		中国管理理论	4	0.21	II
中国管理实践	13	0.18	I	学术争鸣	3	0.03	III
中国式管理	10	0.09	III	理论开发	2	0.02	
管理科学	8	0.05		管理理论创新	2	0.04	
中国管理研究	8	0.09		文化哲学	2	0.32	II
管理理论	8	0.08		本土化	2	0.13	
本土领导	6	0.34	II	价值管理	2	0.28	
本土管理研究	6	0.13		知识创造	2	0.04	
不确定性	6	0.25		中国管理	2	0.01	III
企业管理	5	0.15		国家科技计划	2	0.04	

资料来源：根据 CiteSpace V 软件生成数据整理绘制。

　　根据数据内容，最终形成了由 1998~2019 年的中国管理理论研究的 30 个高频关键词构成的 X-Y 战略坐标图，横轴（X）为频次，纵轴（Y）为中心性。考虑到"和谐管理理论""管理哲学"的频次和中心性较高，可能会影响其他关键词的战略分布，在战略坐标图中不予以显示，具体如图 3-7 所示。因此，本章选择进行人工删除，但在后文分析中会补充说明。在表 3-7 中标注了各个关键词所在的战略坐标图中的象限位置。参照杨朦晰等（2019）的研究结果与建议，结合聚类图谱信息和文献内容，可以将战略坐标图中的四现象分别定义为中国管理研究的主流领域、高潜热点、孤岛领域和边缘地带四个主题领域的分布，如图 3-7 所示。

　　第一象限：主流领域。

　　该象限的关键词"中国管理实践""管理学""中国管理学"，还有未体现在战略坐标图中的"和谐管理理论""管理哲学"都具有高频次与高中心

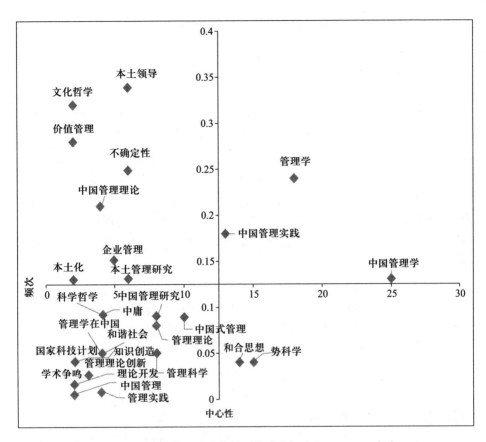

图 3-7　中国管理理论关键词战略坐标（1998~2019 年）

资料来源：根据 CiteSpace V 软件生成数据整理绘制。

度的特点，代表的是当前中国管理研究与理论构建的研究热门和重要话题，表明"管理学""中国管理学"是目前研究的重点与热点。同时，以"中国管理实践"为导向的管理研究成为研究热点。以《管理学报》"管理学在中国"专栏考察，上述关键词代表的研究内容成果较为丰富，且与其他主题关联度也较高。如中国管理学的构建研究，不仅涉及了情境化和本土化以及与中国传统文化的融合研究，"管理学"研究的内容还涉及了管理学的科学性质的重新界定等。

第二象限：高潜热点。

该象限的关键词具有低频次与高中心度的特点，也代表中国管理理论研究的重要话题，与其他的主题联系紧密，是具有较强研究潜力的主题内容。如战略坐标图 3-7 所示，"中国管理理论""本土管理研究""本土化""本土领导""价值管理""文化哲学"等都是近几年学者们在密切关注的研究主题与内容。尤其是"本土管理研究""中国管理理论"的呼声最高，研究内容也从中国管理理论和本土管理理论存在的合理性、合法性的论证研究，到如何进行理论创新与构建，如何选择具体的研究路径、方法等。

第三象限：孤岛领域。

该象限的关键词的频次是所有象限中最低的，中心度也不高。该象限节点信息代表的主题可能处于研究边缘。出现的现象是各领域内的学者基本独立地进行研究，不进行交流与合作。但有一些关键词代表的主题研究内容也有可能会在未来发展成为新兴的研究热点。如"管理学在中国""中国式管理""和谐社会""中庸""管理理论创新""理论开发"等关键词代表的研究逐渐减少。但不容忽视的是，如"科学哲学""中国管理研究"等关键词所代表的研究主题，也有可能发展成为未来中国管理理论研究的新兴研究热点。

第四象限：边缘地带。

该象限的关键词"和合思想""势科学"都具有高频次，但中心度都比较低。说明在第四象限里"势科学"与"和合思想"的分支理论研究的主题内容是较多的，但与其他几个象限的研究主题关联性偏低。因此，在整个中国管理理论研究的网络中重要度降低，很有可能在未来将被逐渐边缘化，处于一个相对比较独立的领域。但以上主题也有可能是未来研究的理论基础或知识基础。未来中国管理研究若能基于中国管理实践为导向，挖掘中国优秀的管理经验，关注其特定的一些维度进行细分，也有可能构建更多像"和谐管理理论"一样的纵深、精细化发展的理论体系。

四、研究前沿与演进脉络

本部分以前述 1998~2019 年的 561 篇施引文献和 7108 篇被引文献作为研究对象。按照本章第二节中介绍的参数设置，将切片时间（Years per Slice）设置为 1，将被引文献样本划分为 21 个时段；TOP N 设置为 50；其他的参数采用软件默认设置。通过文献计量和运用 CiteSpace V 软件操作在关键词聚类和文献共被引聚类图谱的基础上分别生成关键词突现率和共被引文献突现率，整理出来突现率排名靠前的关键词和共被引文献，再通过对突现关键词和突现文献内容进行解读，探析当前的中国管理理论研究的前沿热点及未来趋势。

"研究前沿"概念，现在被很多学者们用来揭示某研究领域演化动态的本质。突现分析（Citation Burst）是目前某领域内文献的研究前沿与内容挖掘的重要工具之一，用来反映最活跃或前沿的研究节点（杨膝晰等，

2019）[1]，是用来探析某一领域的研究热点。往往前沿与热点通常又是结伴出现的，因此，可以通过发掘前沿来探析某研究领域的现在及未来可能的研究热点。部分学者更偏好用研究趋势来体现某一研究领域的思想动态，是采用一组突现的动态概念来探析研究前沿，反映研究趋势（朱晋伟、胡万梅，2015[2]；陆羽中等，2020[3]）。"突现"概念是由陈超美提出来的，用来预测研究前沿。Chen（2006）[4]将研究前沿定义为是在某一特定领域内一组突发（Burst Term）的概念或研究问题。突发是指在某一时间段内术语、关键词或者被引文献频次激增，具体用突现率表示突发的强度（马腾等，2016）[5]。运用 CiteSpace V 软件，通过在前述的关键词聚类和被引文献聚类的基础上，进行突现功能操作既能获得一组突现概念和突现率，具体信息如表 3-8 和表 3-9 所示，通过各突现率与突现年份来分析中国管理理论研究的前沿与演进脉络。

表 3-8　中国管理理论研究的关键词突现率

引用次数最多的前 8 个突变关键词			
关键词	突现率	突现起止年份		1998~2019 年
管理哲学	13.16	1998	2004	
和谐管理理论	6.1161	2005	2006	
管理学	3.2064	2008	2009	
管理科学	3.5696	2008	2010	
势科学	4.7972	2010	2015	
中国管理实践	6.3703	2011	2013	
中国管理研究	4.8268	2016	2017	
本土管理研究	3.5138	2017	2019	

资料来源：根据 CiteSpace V 软件生成编制。

① 杨朦晞，陈万思，周卿钰，等. 中国情境下领导力研究知识图谱与演进：1949—2018 年题名文献计量 [J]. 南开管理评论，2019，22（4）：80-94.
② 朱晋伟，胡万梅. 国际创业研究的热点和趋势——基于 SSCI 的文献计量和知识图谱分析 [J]. 技术经济，2015，34（5）：36-40，57.
③ 陆羽中，田增瑞，常焙笙. 国际创业投资研究热点与趋势的可视化分析 [J]. 科研管理，2020，41（4）：250-262.
④ Chen, C. CiteSpace II: Detecting and Visualizing Emerging Trends [J]. Journal of the American Society for Information Science & Technology, 2006, 57（3）: 359-377.
⑤ 马腾，曹吉鸣，申良法. 知识转移研究演进脉络梳理及前沿热点探析——基于引文分析和共词分析 [J]. 软科学，2016，30（2）：121-125.

表 3-9　中国管理理论研究的共被引文献突现率

引用次数最多的前 13 个文献突现信息

文献作者（年份）	突现率	突现起止年份		1998~2019 年
黄丹和席西民（2001）	2.8246	2006	2008	
席酉民等（2003）	6.8686	2006	2010	
和谐管理研究课题组（2005）	4.6211	2006	2009	
席酉民等（2005）	5.2916	2006	2010	
韩巍（2008）	3.5633	2009	2010	
罗纪宁（2005）	3.0470	2009	2010	
韩巍（2005）	3.0470	2009	2010	
郭重庆（2008）	3.4017	2011	2012	
齐善鸿等（2010）	3.9630	2011	2012	
高良谋和高静美（2011）	3.0243	2013	2019	
李鑫（2013）	2.9775	2015	2019	
李平（2013）	4.2839	2015	2019	
章凯等（2014）	2.9578	2017	2019	

资料来源：根据 CiteSpace V 软件生成绘制。

1. 突现关键词分析

通过运行 CiteSpace V 软件，在关键词聚类的基础上进行突现功能运行，获得了排名前 8 的突变关键词，如表 3-8 所示。根据表 3-8 的突变信息，可以从四个阶段的突变关键词变化来梳理中国管理理论的研究演进过程。

1998~2006 年的突变关键词为管理哲学、和谐管理理论。表明在中国管理研究初期，学者们将中国管理理论的研究重点放在基于哲学思考、和谐管理理论的研究上。随着中国管理研究由"照着讲"向"接着讲"的研究范式转化，2007~2010 年的突变关键词分别为管理学和管理科学，表明国内学者已经逐渐认识到了构建中国管理理论的重要性，开始探讨管理学的本质和属性，以及"中国管理学""管理学在中国""中国式管理"等理论存在的合理性和研究路径等主题。2011~2015 年的突变关键词分别为势科学和中国管理实践。一方面，以李德昌为核心的学者对分支理论"势科学"进行了更为深入的研究，该理论也逐渐完善和成熟；另一方面，学者开始关心在理论研究过程中的"学术严谨性"和"实践相关性"矛盾的困境中寻找中国管理研究的出路，开始将中国管理研究的重点放在如何实现的路径上，学者逐渐把研究放在"直面中国管理实践"的焦点上。2016~2019 年的突变关键词分别为"中国管理研究"和"本土管理研究"。学者在基于中国管理实践导向的基础上继续开展中国管理研究，中国管理研究要走本土研究路径，并论证中国管理研究本土化的可行性。只有走本土化研究路径，才能在真正意义上实现脱离照抄、照搬西方管理理论的困境，才能构建出解释和指导中国企业管理实践的本土理论。

2. 突现共被引文献分析

通过运行 CiteSpace V 软件，在被引文献聚类的基础上进行突现功能运行，根据中国管理研究共被引文献突现率进行整理排序（突现率大于 2.5），整理出排名前 13 的文献突现信息，如表 3-9 所示。从表 3-9 突现信息分析，共被引文献突现大致可以分为两个阶段。

在 2006~2010 年突现的文章有 7 篇，分别为黄丹和席酉民（2001）[①]《和谐管理理论基础：和谐的诠释》突现率 2.8246、席酉民等（2003）[②]《面向复杂性：和谐管理理论的概念、原则及框架》突现率 6.8686、和谐管理研究课题组（2005）[③]《和谐管理理论的研究框架及主要研究工作》突现率 4.6211、席酉民等（2005）[④]《和谐管理理论的意义与价值》突现率 5.2916、韩巍（2008）[⑤]《从批判性和建设性的视角看"管理学在中国"》突现率 3.5633、罗纪宁（2005）[⑥]《创建中国特色管理学的基本问题之管见》突现率 3.0470、韩巍（2005）[⑦]《学术探讨中的措辞及表达——谈〈创建中国特色管理学的基本问题之管见〉》突现率 3.0470。这一阶段的中国管理理论研究的热点前沿是和谐管理理论的研究，另一个重要热点前沿是韩巍、罗纪宁等学者提出的"管理学在中国"和"中国特色管理学"的理论构建范式研究。在和谐管理理论的研究中，突现率最高的是席酉民等（2003）文章，席酉民教授提出，传统管理面临着更多的不确定性、多变性和复杂性科学论，让传统管理

---

① 黄丹，席酉民.和谐管理理论基础：和谐的诠释［J］.管理工程学报，2001（3）：69-72.

② 席酉民，韩巍，尚玉钒.面向复杂性：和谐管理理论的概念、原则及框架［J］.管理科学学报，2003（4）：1-8.

③ 和谐管理研究课题组.和谐管理理论的研究框架及主要研究工作［J］.管理学报，2005（2）：145-152.

④ 席酉民，葛京，韩巍，等.和谐管理理论的意义与价值［J］.管理学报，2005（4）：397-405.

⑤ 韩巍.从批判性和建设性的视角看"管理学在中国"［J］.管理学报，2008（2）：161-168，176.

⑥ 罗纪宁.创建中国特色管理学的基本问题之管见［J］.管理学报，2005（1）：11~17.

⑦ 韩巍.学术探讨中的措辞及表达——谈《创建中国特色管理学的基本问题之管见》［J］.管理学报，2005（4）：386-391.

陷入了困境。需要有新的思维、知识或理论来给予更大的解释力和预测力，和谐管理理论就是在这样的一系列问题背景中被提出的。和谐管理理论突破了西方的"计划、组织、领导"等传统职能手段，而是基于"和则"与"谐则"的方法，以优化和不确定性为手段，实施组织管理，解决管理实践中的问题。结合前文关于中国管理理论研究的共被引文献分析，研究分析结果表明，2006~2010 年学者们的研究重点集中在和谐管理理论的概念、原则、意义、价值、研究框架和应用等内容上。该阶段学者们还提出了管理学在中国和中国特色管理学的范式理论，从指导层面提出了要构建中国管理理论的必要性。虽然还存在着争议，但是已经引起了国内各期刊和学者们的注意。

2011~2019 年突现的文献有 6 篇，分别为郭重庆（2008）[①]《中国管理学界的社会责任与历史使命》突现率 3.4017、齐善鸿等（2010）[②]《出路与展望：直面中国管理实践》突现率 3.9630、高良谋和高静美（2011）[③]《管理学的价值性困境：回顾、争鸣与评论》突现率 3.0243、李鑫（2013）[④]《中国传统哲学与本土管理研究：讨论与反思》突现率 2.9775、李平（2013）[⑤]《中国本土管理研究与中国传统哲学》突现率 4.2839、章凯等（2014）[⑥]《选择中国管理研究发展道路的几个问题——以组织行为学研究为例》突现率 2.9578。郭重庆院士提出，中国管理学正处于一个历史转折点，要摆脱自娱自乐的尴尬局面。齐善鸿、白长虹和陈春花等 39 位管理学者共同联名呼吁"中国管理研究的出路与展望要直面中国管理实践"。同时，李鑫和李平等学者也提出，直面中国管理实践的路径之一就是要实现管理实践研究的本土化。要从管理哲学的视角出发，挖掘中国传统文化及中国传统智慧来构建本土理论。中国管理学要实现从西方管理理论的"照着讲"转向"接着讲"，尤其是要接着讲"中国传统文化"和"中国管理实践"（谭力文，2016）[⑦]。结合上述中国管理理论研究的共被引文献分析，可见 2011~2019 年学者们的研究重点是中国管理研究的出路与展望是直面中国管理实践，其中，学者提出了本土管理研

① 郭重庆.中国管理学界的社会责任与历史使命［J］.管理学报，2008（3）：320-322.

② 齐善鸿，白长虹，陈春花，等.出路与展望：直面中国管理实践［J］.管理学报，2010，7（11）：1685-1691.

③ 高良谋，高静美.管理学的价值性困境：回顾、争鸣与评论［J］.管理世界，2011（1）：145-167.

④ 李鑫.中国传统哲学与本土管理研究：讨论与反思［J］.管理学报，2013，10（10）：1425-1433.

⑤ 李平.中国本土管理研究与中国传统哲学［J］.管理学报，2013，10（9）：1249-1261.

⑥ 章凯，张庆红，罗文豪.选择中国管理研究发展道路的几个问题——以组织行为学研究为例［J］.管理学报，2014，11（10）：1411-1419.

⑦ 谭力文.管理学学科发展路径的选择［J］.皖西学院学报，2016，32（4）：72-78.

究以及基于中国传统哲学的本土管理研究。

综上所述，结合关键词突现和共被引文献突现的分析，研究结论发现中国管理研究的热点从各个分支理论的研究探讨转移到范式理论的研究争论。争论之一：是否存在中国管理理论。争论之二：中国管理理论的研究路径、内容、方法等，尤其是在研究范式主题上有着更为深入的探讨。只有构建出适合中国管理理论构建的研究逻辑、框架或范式，才能从真正意义上指导学者去创新和构建出更多的中国管理理论，来解释中国管理现象与实践、实现预测中国管理实践。

五、研究主流学术群体与核心代表作者

本部分以前述 1998~2019 年的 561 篇施引文献和 7108 篇被引文献作为研究对象。按照本章第二节中介绍的参数设置，软件运行的参数时间设置跨度为 1998~2019 年，时间切割分区设置为 1 年，作者共现分析中选择频次排名前 5 个，即 TOP5，其他的阈值设置为系统默认值。通过文献计量和 CiteSpace V 软件生成的文献所属机构、机构合作网络、研究核心作者和作者合作网络图谱等的解读，分析当前中国管理理论研究的主流学术群体和核心代表作者。

1. 文献所属研究机构和机构合作

通过对 561 篇文献的研究机构进行统计后发现，共有 281 个研究机构参与到中国管理研究与理论构建中，高发文机构及发文数量如图 3-8 所示。

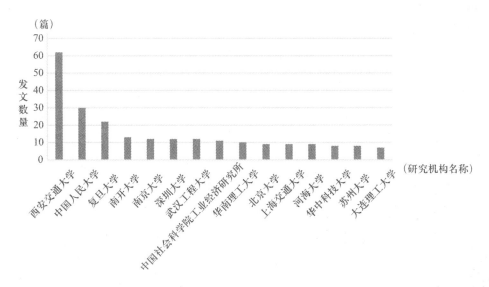

图 3-8　科研机构与发文数量

资料来源：笔者根据文献统计整理绘制。

图 3-8 显示中国管理理论的研究机构比较集中，高产研究机构发文排名前 15 所的研究机构中，排位靠前的研究机构有西安交通大学、中国人民大学、复旦大学、南开大学、南京大学、深圳大学、武汉工程大学等。可见，开展中国管理理论研究的研究机构主要集中在高校。各高校致力于推进中国管理理论的研究，有的高校还成立了专门的研究中心，如西安交通大学成立了中国管理问题研究中心、江西财经大学成立了中国管理思想研究院、中国人民大学成立了管理哲学研究中心、大连理工大学成立了 21 世纪发展研究中心等。这些高校在中国管理理论研究中具有较高的科研影响力。

　　通过 CiteSpace V 软件操作生成的科研机构共现网络合作图，可以考察研究机构之间的合作情况。图 3-9 显示的是中国管理理论的各研究机构之间的网络合作关系。根据陈超美开发的 CiteSpace V 软件操作下的可视化图谱分析，其中，节点的大小表示的是研究机构的中介中心度，节点越大，中介中心度越高；各研究机构发文数量的多少是由节点标注字体的大小来区分的，字体越大，说明该机构发表的论文数量越多；研究机构之间合作的次数通过各个节点之间连线的粗细来体现，而且节点之间的连线越粗，说明研究机构之间的合作越紧密。在图 3-9 中，共形成了 32 个节点和 5 条连线。研究机构之间的连线数比较少，说明研究机构之间缺乏合作。除了西安交通大学和西交利物浦大学内部合作外，与其他高校进行深度合作的机构只有深圳大学。除此之外，只有中国人民大学和南开大学之间有合作，黑龙江大学和东

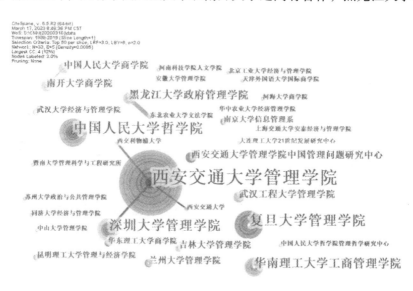

图 3-9　科研机构共现合作网络图谱

资料来源：CiteSpace V 软件生成绘制。

北农业大学之间也有合作。基本上是各大学研究机构的独立研究状态。综上所述，根据 CiteSpace V 软件生成的合作机构知识图谱分析，发现存在合作的研究机构也是寥寥无几，可见合作的情况并不是很乐观。

2. 研究核心作者

研究者及其社会网络关系是一个研究领域的核心要素。据统计，检索到的 561 篇文献共包含作者近 880 位（含第二作者、第三作者等）。根据检索结果，梳理了中国管理理论研究领域高发文作者及发文量（发文量≥3 篇），如表 3-10 所示。中国管理理论研究领域的高发文作者包括席酉民、陈春花、韩巍、李德昌、张晓军、吕力、周可真、成中英、胡耀辉、曾宪聚、苏勇和李平 12 位重要学者。由表 3-10 可知，席酉民和陈春花对中国管理理论研究的贡献最大。

表 3-10　国内中国管理理论研究高发文作者

序号	作者	所属机构	首发文章时间	发文量
A01	席酉民	西安交通大学	2004	27
A02	陈春花	北京大学 华南理工大学	2010	9
A03	韩　巍	深圳大学	2009	7
A04	李德昌	西安交通大学	2010	7
A05	张晓军	西交利物浦大学	2010	6
A06	吕　力	武汉工程大学	2011	6
A07	周可真	苏州大学	2010	4
A08	成中英	美国夏威夷大学	2014	4
A09	胡耀辉	河海大学	2007	3
A10	曾宪聚	深圳大学	2008	3
A11	苏　勇	复旦大学	2009	3
A12	李　平	哥本哈根商学院 西南政法大学管理学院	2010	3

资料来源：笔者根据 CiteSpace V 软件生成与知网搜索文献整理编制。

核心作者通常不是指一个人，而是一个群体，即在某一领域发文较多、论文影响力较大的作者集合（王晓红、任晓菲，2018）[①]。核心作者的确定通

---

① 王晓红，任晓菲．基于 CSSCI 的我国隐性知识研究的文献计量分析［J］．管理学报，2018，15（12）：1854–1861.

常会采用普赖斯定律计算得到，如公式（3-1）所示。

$$m= 0.749 \sqrt{N_{max}}$$ （3-1）

在式（3-1）中，m代表核心作者要求的最低发表论文数量，N_{max}代表样本文献中发文量最多作者的论文数量，通过计算出m值就能确定核心作者群体。

经过对文献数量的统计分析，发文最多的作者是席酉民，共发表27篇，根据普赖斯定律公式计算得出m≈3.89。因此，发文数量4篇以上的作者是中国管理理论研究领域的核心作者，共有席酉民、陈春花、韩巍、李德昌、张晓军、吕力等8位。发文量最多的是席酉民27篇，被引频次为1449次[①]；其次是陈春花，发文量9篇，被引频次为271次；第三位是韩巍，发文量7篇，被引频次是293次；并列第三的是李德昌，发文量7篇，被引频次是141次。根据表3-10，核算出前8位核心作者的发文总数只有70篇，占总样本论文数量（561篇）的12.5%，和普赖斯定律关于核心作者群的判断标准值50%，相差甚远。由此可见，尽管中国管理研究与理论构建有40多年的发展研究历程，目前还没有形成稳定的核心作者群。

3. 作者合作网络

作者合作网络图谱不但能显示出某研究领域的高发文作者和具有影响力的作者，同时还能揭示不同作者在某个研究领域的研究兴趣与连接的交流关系（杨传喜等，2019）[②]。根据陈超美开发的 CiteSpace V 软件操作下的可视化图谱分析，其中，节点的大小表示的是作者中介中心度，节点越大（见图3-10中的圆圈），中介中心度越高；节点标注字体的大小表示论文数量的多少，字体越大，说明节点作者发表论文数量越多；作者之间交流和合作次数是通过节点之间连线的粗细来说明的，连线越粗，说明合作的次数越多。可以通过 CiteSpace V 软件生成绘制作者网络图谱来考察作者之间的连接与合作情况，如图3-10所示。

在图3-10中，共形成了42个节点，26条连线，网络密度为0.0302。从图3-10可知，形成四人以上的研究团队只有1个，即以西安交通大学教授席酉民为中心，张晓军、韩巍、曾宪聚、李子叶、肖宏文、淮建军在其周围形成的致力于"和谐管理理论"的研究团队。如图3-10所示，还形成了四个三角科研团队，其中，以北京大学国家发展研究院陈春花教授为节点中心

---

① 所有作者的被引频次通过中国知网的计量可视化分析统计得出，检索的时间是2020年3月15日。

② 杨传喜，丁璐扬，张珺. 基于 CiteSpace 的科技资源研究演进脉络梳理及前沿热点分析［J］. 科技管理研究，2019，39（3）：205-212.

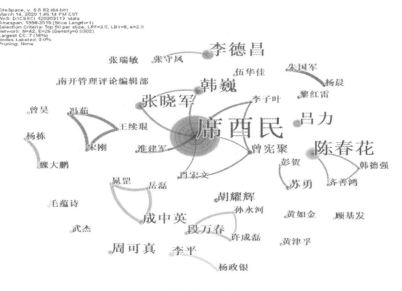

图 3-10　研究作者共现合作网络图谱

资料来源：CiteSpace V 软件生成绘制。

的，连接齐善鸿、韩德强两位作者致力于"中国本土管理研究"的科研团队最为突出。另外，还形成了五个"一对一"结合形成的合作组，最为突出的是关于势科学研究的合作作者李德昌与张守凤，以及关于本土研究、管理哲学研究的合作作者李平与苏勇。

结合作者发文数量可以判断核心作者，结合合作网络图谱的分析可以判断学术团队合作情况。本节将对中国管理理论研究的团队，分别从范式理论及分支理论来阐述。其中，分支理论研究以席酉民最为突出和活跃。范式理论的中国管理理论研究基本形成了四个较为显著的团队，以及研究成果较为突出的典型作者群。各作者群和相关的研究内容如下：

分支理论的高发文代表作者有席酉民、李德昌、张晓军和成中英等，范式理论的高发文代表作者有陈春花、吕力、周可真、苏勇和李平等。中国管理理论分支理论的代表作者是席酉民教授。十多年来，席酉民教授致力于和谐管理理论的研究，具体涉及的研究内容有和谐管理理论的概念、原则、框架、和谐的诠释、和谐领导力等，以及和谐管理理论在企业动态能力、多变环境下可持续竞争优势的构建、组织内部危机中和谐核心作用以及企业危机，甚至包括和谐社会等管理方面的研究。中国范式理论的代表作者是陈春花和韩巍。北京大学陈春花教授从 2009 年起专注于中国管理的本土研究和基于实践的领先企业组织研究。基于实践的组织研究内容，从构建中国本土行业领先企业成功模型，到中国企业管理实践内涵的研究，并将"和、变、用"管理思想与领先企业的实践的探索性研究，应用质性研究方法提出了领先企业管理实践的 4P 研究方法，结合传统文化和企业实践提出了"水样组织"新的组织概念。基于中国管理理论构建范式的研究，从提出形成"中国式管理"的必要条件，到"中国需要什么样的管理研究"来探讨本土管理的范式选择，进行本土研究的意义与普世价值的探讨，是要构建理论还是在指导实践上进行研究，提出了中国本土管理的研究路径等方面的研究。同时，陈春花以及其研究团队还专注于管理实践与管理研究的脱节与弥合、管理理论研究的学术"知行合一"的价值、管理理论实践指导功能的转化、管理理论价值贡献的评价等主题的研究。深圳大学的韩巍教授，从批判性和建设性的视角看"管理学在中国"，提出和探讨了本土化学科构建的几个关键问题，强调"实证研究神塔"的倒掉，从哲学角度看中国本土管理研究，认为"非科学性"让管理研究变得更好，并从情境研究视角论述了本土领导研究及其路径，从中文研究成果论述了本土管理的理论贡献等方面的研究。

通过以上机构合作、核心作者群以及作者合作网络的可视化分析，结果发现中国管理理论构建的研究机构主要集中在高校，但研究机构以及作者之间都缺乏交流与合作。发文量最多的作者呈现的合作网络特征也并不很明显，形成的核心研究团队不多且突出。结果表明关于中国管理理论的研究还没有形成多个产量较高的研究团队。

第五节　研究结论与反思

一、研究结论

本章以 1998~2019 年的 561 篇分支理论与范式理论文献（含 7108 篇被引文献）作为研究对象，运用 CiteSpace V 软件对文献内容进行可视化挖掘分析，绘制了中国管理研究的基本特征，探析了中国管理研究与理论构建的知识基础，探寻了中国管理理论的研究热点内容与主题，探求了中国管理理论的研究前沿和演进脉络，并梳理了中国管理理论研究的主流学术群体和核心代表作者。通过以上几部分内容的研究，能更为客观地认识中国管理理论研究领域的研究态势，发现可能存在的问题，更科学地为中国管理理论的构建提供借鉴和参考。通过文献计量可视化分析，得出以下研究结论：

第一，中国管理研究的总体发文趋势基本呈现三个阶段：1998~2003 年年发文数量为个数，为中国管理研究的起步阶段。2004~2012 年发文数量远超过 10 篇，为中国管理研究的快速发展阶段。2014 年以后进入一个稳定发展阶段，但近两年由于没有适合的研究范式指导，导致研究有所减弱。从 CSSCI 数据库检索得到的 561 篇文献，经过统计核算发现文献主要汇集于《管理学报》《经济管理》《科技进步与对策》《管理世界》《科学学与科学技术管理》《外国经济与管理》等期刊，而且都是高质量和具有影响力的管理学期刊。

第二，中国管理理论的知识基础，从研究内容上可以分为分支理论和范式理论两部分。分支理论主要是以席酉民的和谐管理理论为代表，其在代表性的两篇核心文献中提出了和谐管理理论的产生背景是基于外部环境的高复杂性和不确定性，并构建了和谐管理理论的核心框架和原则等。和谐管理理论已经发展完善为一个比较成熟的理论体系。范式理论主要以"管理学在中国""中国本土管理理论""中国管理理论"等为代表。推进范式理论发展的重要文献是郭重庆的《管理学界的社会责任与历史使命》一文，获得了广大管理学者的共鸣，从而引发了直面管理实践的中国管理研究的广泛呼吁与思考。通过文献共被引图谱可视化分析，可以判断中国管理理论的知识基础基本上都是国内理论与知识，从而进一步论证了是存在中国管理理论的。

第三，中国管理理论演进的研究热点内容，主要从分支理论和范式理论两部分来分解阐述。研究热点共包括六大主题：一是研究背景的不确定性研究；二是管理学研究的人性假设前提研究；三是关于和谐管理、和合管理和势科学的特色管理理论研究；四是管理学的学科属性研究；五是管理哲学与是否存在中国管理理论研究；六是中国管理研究的情境化、本土化和实践导向的视角研究以及理论创新与开发研究。同时，运用战略坐标图法将中国管理理论研究热点按照关键词的频次和中介中心性大小分为主流领域、高潜热点、孤岛领域以及边缘地带四个主题领域。

第四，中国管理理论研究存在着两种趋势：一是分支理论的发展，二是范式理论的研究。结合关键词突现和共被引文献突现的分析，发现中国管理研究的热点从具体的分支理论的研究探讨转移到范式理论的研究上。争论之一：是否存在或有中国管理理论。争论之二：中国管理理论的研究路径、研究内容、研究方法等的选择，尤其是在研究范式主题上有着更为深入的探讨。只有构建出了适合中国管理理论构建的研究逻辑、框架或范式，才能从真正意义上指导学者有效地构建更多的中国管理理论，来解释中国管理现象与实践，来预测中国管理实践。

第五，中国管理理论的研究力量尚未成熟。通过对 561 篇被引文献的研究机构进行统计后，共有 281 个研究机构、近 880 位作者参与到中国管理研究中。研究机构主要是集中在高校，有的高校还专门成立了推进中国管理理论开发与构建的研究中心。高产研究机构发文排名前 15 所的研究机构分别是西安交通大学、中国人民大学、复旦大学、南开大学、南京大学、深圳大学、武汉工程大学等高校。以上科研机构在中国管理理论研究中具有较高的科研影响力，但研究机构之间却缺乏一定的合作。据统计，高发文作者有：席酉民、陈春花、韩巍、李德昌、张晓军、吕力、周可真、成中英、胡耀辉、曾宪聚、苏勇和李平等。以上学者在中国管理理论研究领域中具有重要影响力，在中国管理研究领域已经形成了几个小规模的研究团队。但根据普赖斯定律标准，目前还并没有形成稳定的核心作者群。通过作者合作网络分析，显示作者之间呈现的共现网络特征并不是很明显，形成的核心研究团队并不多，可以判断在中国管理理论的研究学术群体中，目前还没有形成多个稳定的高产量研究团队。

二、研究反思

通过以上分析，中国管理研究的演进脉络与发展存在以下问题：

第一，中国管理研究成果中的分支理论发展不成熟、范式理论不统一。从文献共被引和期刊共被引分析，中国管理理论并没有形成体系化，尤其是分支理论的发展并不成熟。韩巍（2008）[①] 通过对比研究分析发现诸如"东方管理学""和合管理理论"更多的是一种"意识形态"倾向，缺乏"直面管理实践"经验基础。范式理论发展虽然如火如荼，但却始终没有形成一个被认可和可以复制的推动中国管理研究和理论创新的研究范式和研究框架。

第二，中国管理理论没有形成系统的知识结构体系。目前除了前文所述的分支理论和范式理论，研究成果比较多的就是管理哲学。暂时还没有形成中国管理理论的知识结构体系，这将是未来中国管理学者需要努力的使命与责任。

第三，中国管理理论的概念名称和内涵不规范、不统一。由于学者们的知识储备、研究视角等存在差异，导致中国管理研究在概念上不统一、不规范。先后出现了"东方管理学""中国管理学""管理学在中国""中国管理理论（管理的中国理论）""管理理论中国化""中国式管理（中国式管理理论）""中国管理学派（中国特色管理理论）""管理学的中国学派""中国本土管理""中国本土管理学""中国管理研究""中国管理理论的本土研究""本土管理理论""中国情境化研究""中国管理哲学"等十几个不同的

---

① 韩巍.从批判性和建设性的视角看"管理学在中国"［J］.管理学报，2008（2）：161-168，176.

概念。由于概念及范式的不统一，学者们找不到一个清晰的指导纲领，导致在科学研究过程中摸不清研究的方向，甚至会有质疑自己的研究是否在主流线上、是否是合理和科学的，同时在中国管理研究领域内质疑自己的研究目的和贡献价值。

第四，构建中国式的管理研究范式是未来的研究趋势与重点。中国的管理学者们都有一个共同的声音，中国管理研究必须要构建自己的管理理论，必须重构一个广大学者都认可的、统一的中国管理理论概念及内涵，构建一套适合中国管理理论构建的研究范式或研究逻辑框架。

本章小结

本章区别于过去仅从文献内容角度出发进行思辨的规范研究，而是基于知识图谱理论的指导，采用了定性与定量相结合的文献计量统计方法。以中国管理理论或管理知识为研究对象，以 CSSCI 数据库为来源数据库，精选了1998~2019 年与中国管理理论构建相关的 561 篇施引文献和 7108 篇被引文献为研究对象。主要运用 CiteSpace V 软件对样本文献进行共现分析、共引分析等可视化分析，聚焦于共现关键词、共被引文献和突现变化等，对中国管理理论的知识基础、研究热点、主题分布、研究前沿、演进脉络以及主流学术群体和核心作者等进行可视化分析，来梳理中国管理研究与理论构建的演进脉络。中国管理研究的知识基础基本上都是国内的重要文献，大部分也是从管理哲学或传统文化内涵展开的研究，这进一步论证了中国管理理论存在的合理性和合法性。从研究热点的内容上分析，根据研究结果可以划分为不确定性研究背景、特色管理理论和理论创新等六大研究主题，但中国管理理论的范式理论概念上不统一、不规范，当前尚未形成一个被广泛认可的研究视角和研究范式。从战略坐标图的主题分布和突现关键词与文献的研究前沿上分析，结果表明重构中国管理理论概念和构建研究范式或研究框架是当前和未来中国管理研究重要的任务。

第四章　基于内容分析法的中国管理理论概念研究

　　迄今为止，学术界尚没有形成能够广泛被认可的"中国管理理论"的统一概念。这一问题被学者们普遍关注，急切需要解决。本章将从中国管理理论概念的演变梳理视角出发，确定中国管理理论的统一概念名称。再以苏东水、曾仕强、徐淑英和陈春花等有影响力的管理学者提出的 20 个中国管理概念定义文本作为研究对象，借助 ROST content mining 内容分析软件，进行分词和提取类目，归纳出 20 个概念中使用最频繁的核心类目。即从众多概念中提取代表中国管理理论概念本质的核心关键词，最后归纳为有说服力和能被普遍认可的中国管理理论的概念内涵。并在概念内涵的基础上进行延伸探讨，提炼中国管理理论的评判维度。

第一节　中国管理研究概念的演变分析

　　关于"中国管理理论"概念名称、什么是中国管理理论以及如何进行中国管理理论构建，管理研究学者们从不同视角下进行研究与归纳。形成了如"东方管理学""中国式管理""管理学在中国""中国的管理理论""中国本土管理研究（理论）"等众多的提法与不同的概念。尽管学者们倾注了大量的精力，但由于学者和研究者的出发点和认识角度的差异，在概念名称、概念内涵和研究范式的界定上都有较大的差异和分歧，导致中国管理理论概念在使用层面和研究层面上出现了混乱局面。根据库恩的范式理论，一个学科领域要形成学者共识与认可的研究范式，才能指导学者开展科学研究。界定清晰和统一的中国管理研究或中国管理理论构建的概念是进行中国管理研究的基础性问题。因此，必须要解决中国管理研究存在着概念内涵与研究范式不统一的问题。

　　为了能够在未来的研究中构建有效的中国管理理论体系，明确清晰地界定"中国管理理论"统一的名称与准确的概念内涵是第一步，也是本章的重要任务。因此，接下来对出现的各种概念的提法进行梳理，界定一个清晰的概念，给学术界提供指导和参考。

一、中国管理研究主要概念的提出

国内外管理学界对照和借鉴西方管理理论，或从传统管理哲学视角，或扎根中国传统文化，或结合当前的中国管理研究和实践发展的情境，提出并使用了诸如"东方管理学""中国式管理理论""中国管理学""管理学在中国""中国管理学派""管理学的中国学派""中国特色管理理论""中国管理理论""管理理论中国化""管理的中国理论""中国本土管理""中国本土管理学""中国管理研究""中国管理理论的本土研究""本土管理理论"等十几个不同的概念名称，并进行了大量的研究，取得了比较丰硕的研究成果。从时间序列上来梳理，基本形成了从"东方管理学""中国式管理"发展到"中国管理学""管理学在中国"，再延伸到"中国的管理理论""中国本土管理研究（理论）"的演变与共存。

1. 东方管理学和中国式管理

1976年，苏东水先生提出的"东方管理学"概念开启了中国管理研究，并逐步形成了一个"以人为本，以德为先，人为为人"的较为完整的理论体系。之后的40多年的时间里，学者们围绕中国管理研究进行了更深入的研究与探讨，也形成了更多、更丰富的具有中国特色的管理理论。"中国式管理"是1979年由曾仕强教授结合中国传统文化精髓提出的，提倡中国人要用自己的方法来解决中国的问题。在中国式管理模式下发展的理论称为中国式管理理论，或称M理论。

2. 中国管理学和管理学在中国

自2004年国家自然科学基金委员会提出的"直面中国管理实践"议题以来，中国管理研究得到了快速发展。有不少期刊都设有专栏用来研究"中国管理研究"。如《管理学报》的"管理学在中国""争鸣与反思"栏目、《外国经济与管理》的"东方管理""明哲专栏"以及《管理学季刊》的"中国管理学研究向何处去？"特刊等。每年都有专门的学术会议促进中国管理研究，如四大本土管理思想的交流平台：2008年创办的"管理学在中国"、2010年创办的"中国实践管理论坛"、2014年创办的"中国本土管理研究论坛"和2018年创办的"中国管理50人论坛"。关于"中国管理研究"主题领域方面的论文数量也在不断地快速增长。2005年，《管理学报》期刊围绕"创建中国特色管理理论的基本问题"为主题的学术讨论而提出"中国特色的管理"概念，创立了"中国管理论坛"栏目。在学术界和管理实践界，针对"中国管理研究中是否存在中国特色管理"的研究议题始终存在着分歧，一直都有激烈的争议与探讨。因此，学者们不再聚焦于"中国特色"的争论，转而致力于"中国学派"的建构，"中国管理学"概念遂被学者提出。据考证，"中国管理学"是在 2008 年 3 月的第 1 届"管理学在中国"学术研讨会上，由国家自然科学基金委员会管理科学部主任郭重庆院士首次提出，呼吁中国管理学者们要建立"中国现代管理学，将管理学中国化"（王学秀，2008）[1]。在研讨会上，很多学者参与了概念命名的讨论。罗珉教授也使用了"中国管理学"，但罗教授也提出他自己更偏爱"管理学的中国学派"的概念。彭贺博士使用了"中国特色管理"的概念，认为中国特色管理研究是一种特殊性研究，也是中国管理研究的重要内容。韩巍（2008）[2] 以管理实践与理论的"收敛性""发散性"等特点为出发点进行讨论，并结合"东方管理"和"和合管理"两个"中国特色"的管理理论作为案例样本进行比较分析，认为"管理学在中国"比"中国管理学"更合适。他认为，"管理学在中国"此概念，不仅会出现浓厚的"国家意识"或者狭隘的"民族主义"，从而可以推进中国管理研究进入国际管理学术领地，获取更多的话语权。《管理学报》也认为，"管理学在中国"是更为合理、合适的概念，从 2008 年 3 月开始更改"中国管理论坛"为"管理学在中国"作为刊发关于中国管理研究和理论构建的专栏，至今未更名。

3. 中国的管理理论和中国管理的理论

国内学者在激烈讨论关于"中国""管理""学"这个核心命题的排列和概念界定时，国外华人学者也开始关注并积极参与讨论和开展研究。其中以国际著名的华人学者徐淑英为代表的学者们提出了新的概念和命题。徐淑英创办了中国管理研究国际学会（IACMR），致力于探讨中国管理研究的路径选择和理论构建的研究范式等问题。在 2008 年中国管理研究国际学会举办的第三届年会上，学者们围绕"开发还是探索：中国管理研究的未来"这一主题展开了激烈的讨论（曹祖毅等，2017）[3]。徐淑英邀请了三位杰出的学者写了两篇关于会议主题的文章，学者 Barney 和 Zhang（2009）[4] 将其主要成果刊登在 *Management and Organization Review*（《组织管理研究》）上，而后被

---

① 王学秀 . "管理学在中国"研究：概念、问题与方向——第 1 届"管理学在中国"学术研讨会观点评述 [J]. 管理学报，2008（3）：313–319，365.

② 韩巍 . 从批判性和建设性的视角看"管理学在中国" [J]. 管理学报，2008（2）：161–168，176.

③ 曹祖毅，谭力文，贾慧英，等 . 中国管理研究道路选择：康庄大道，羊肠小道，还是求真之道？——基于 2009~2014 年中文管理学期刊的实证研究与反思 [J]. 管理世界，2017（3）：159–169.

④ Barney, J., Zhang, S. The Future of Chinese Management Research: A Theory of Chinese Management Versus a Chinese Theory of Management [J]. Management and Organization Review, 2009, 5（1）：15–28.

国内期刊《中大管理研究》^①（2016年更名为《管理学季刊》）上转发，被更多的中国学者学习和传播。文章指出，在中国管理研究的道路选择上有两个范式理论，分别是"中国管理的理论"（Theories of Chinese Management）和"管理的中国理论"（Chinese Theories of Management）。学者们对于以上中国管理研究的两个理论的翻译和理解有所差异。据不完全统计，至少出现了以下四对学者常用的翻译概念：① "中国的管理理论"和"中国管理的理论"；② "中国管理的理论研究"和"中国式管理理论研究"；③ "中国的管理理论"和"中国管理的理论"；④ "管理理论的中国化"和"中国化的管理理论"。根据徐淑英等学者的研究结果分析，所谓"中国管理的理论"是指将已有的西方管理理论移植到中国的情境中去应用、测试和延伸，以产生能应用于中国情境下的新视角，其目的是发展管理学现象的普适理论；而所谓的"管理的中国理论"旨在探讨中国经济社会中的现象和实践，提出自己原创在中国适用的理论，更多学者喜欢用"中国的管理理论"的翻译版本。这种理论研究路径目的是解释和指导中国管理者遇到的特定管理问题。其中，"管理的中国理论／中国的管理理论"更符合当前国内的研究现状，能够破解现有管理理论不能完全解释中国管理实践的尴尬困局。当然也有学者提出，"中国的管理理论"的提法是不准确和不科学的，如自然科学中的物理学或物理学理论，从未有人提出区分美国的物理理论和中国的物理理论。但还是有学者坚持认为中国管理研究成果中存在具有中国特色的管理理论，更愿意使用"中国的管理理论"的概念，以此增加中国管理研究成果在国际学术上的话语权。因为管理的对象是物、事、人，无论是事还是物，最终都是由人来操控完成的，这就存在人性假设的不同。同时，还存在各国文化的差异，尤其是中国5000年的传统文化已经深入人心。学者们基本都认可和极力主张徐淑英提出的"中国的管理理论"是中国管理研究的尚佳出路。

4. 中国本土管理研究／理论

徐淑英的"中国管理的理论"和"管理的中国理论"发展路径提出后，学者们在中国管理研究的发展道路上和发展模式上开始争议与探究。在中国管理研究发展道路的选择上，争执是发展普适理论还是独特理论，即构建普适性理论还是发展本土理论（章凯等，2014）^②。在中国管理研究发展模式的

---

① Jay B. Barney，张书军. 中国管理研究之展望——中国管理理论与管理的中国理论 [J]. 中大管理研究，2009，4（3）：1-15.

② 章凯，张庆红，罗文豪. 选择中国管理研究发展道路的几个问题——以组织行为学研究为例 [J]. 管理学报，2014，11（10）1411-1419.

选择上，探讨是走理论开发的康庄大道还是走理论探索的羊肠小路（曹祖毅等，2017）①。在不断的探讨中学者们基本达成了一个共识：中国管理研究一定要结合中国本土的管理实践。因此，中国管理的情境化研究与本土化研究及其重要性被关注和提出。但关于情境化的研究，有学者认为还是在修改、完善西方原有的理论，并不是一条中国管理研究的新路径。情境概念的不确定也导致"情境化"方面关注的研究逐渐减少。同时，很多研究都表明，目前成熟的西方管理理论不能完全解释新时代的中国管理实践和企业管理问题，急需要构建能够解释新时代管理实践与现象的理论。因此，学者们呼吁构建中国本土的特色管理理论解释出现的新管理现象，提出了中国管理的本土化研究。郭重庆（2011）②、陈春花（2010）③、徐淑英和吕力（2015）④、郭毅（2010）⑤等学者都在强烈呼吁学者们要直面中国管理实践，努力开创中国管理理论研究的新局面，融入中国情境，提倡中国管理本土研究。2014年2月28日，在武汉大学举办了一场题为"中国本土管理研究现状与展望"的会议，也不接受"中国管理学"的标榜，并且会议提出认为"本土管理/管理本土化"这一新概念更恰当。吕力（2015）⑥总结了学者关于本土管理的定义内涵，主要的指标有：本土语言、本土实践作为研究对象、本土构念、服务本土社会经济发展目的、解释本土特殊现象作为理论贡献宗旨等。

二、中国管理研究的概念演变分析

中国管理研究的发展也得到了国内众多管理学期刊的平台支持。通过检索期刊上的文献内容和数量的变化，可以梳理出中国管理研究的历史演进以及现在的研究现状。在中国知网数据库的 CSSCI 期刊中，以"东方管理""中国式管理""管理学在中国"和"本土管理"作为主题词，不限时间检索相关文献。需要特别说明的是，徐淑英提出的"中国管理理论"和"中

① 曹祖毅，谭力文，贾慧英，等.中国管理研究道路选择：康庄大道，羊肠小道，还是求真之道？——基于 2009~2014 年中文管理学期刊的实证研究与反思［J］.管理世界，2017（3）：159-169.
② 郭重庆.中国管理学者该登场了［J］.管理学报，2011，8（12）：1733-1736，1747.
③ 陈春花.当前中国需要什么样的管理研究［J］.管理学报，2010，7（9）：1272-1276.
④ 徐淑英，吕力.中国本土管理研究的理论与实践问题：对徐淑英的访谈［J］.管理学报，2015，12（3）：313-321.
⑤ 郭毅.活在当下：极具本土特色的中国意识——一个有待开发的本土管理研究领域［J］.管理学报，2010，7（10）：1426-1432.
⑥ 吕力.后实证主义视角下的管理理论、实践与观念［J］.管理学报，2015，12（4）：469-476.

国的管理理论"在国内得到了很多学者的认可与关注，但由于翻译版本不同，再加上用主题词检索，会出现很多无关文献，剔除工作难度大，因此，在图表数据梳理中不展示。经过文献检索，剔除与主题完全不相关的文献，分析发现2001年之前的年发文数量比较少，如"管理学在中国""本土管理"基本都没有。2001年之后才呈现了文献数量的快速增长。根据文献检索样本数据结果，梳理绘制了2001~2019年发文量的趋势图，如图4-1所示。

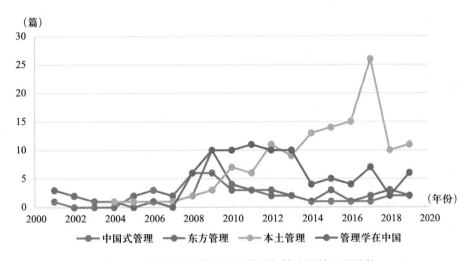

图4-1　"东方管理""本土管理"等主题的文献趋势

资料来源：笔者整理绘制。

"东方管理"与"中国式管理"的提出时间都比较早，但研究成果形式以著作方式居多，在期刊上的传播与交流相对比较晚。在图4-1中，以"东方管理"为主题的本土管理研究起步较早，基本呈正态分布的倒U形变化趋势，2009年达到最高峰，共有38篇文献发表。"中国式管理"同"东方管理"一样研究起步较早，样本年文献数量基本呈倒U形发展，只有2008~2011年年发文数量超过5篇，共发表45篇文献。"管理学在中国"研究是在2004年之后才开始被提出和研究的，样本年文献数量基本呈倒U形发展。在2013年之后研究基本缓慢下滑。以"本土管理"为主题的研究起步得比较晚，样本年度内呈现先逐年快速增长后再缓慢下降的趋势，2017年发表文献数量最高，共发表131篇文献。

通过年文献数量比较，发现"本土管理"文献数量最多，远高于"东方管理"与"中国式管理""管理学在中国"，尤其是2012年以后基本保持在每年10篇以上。通过发文趋势比较，发现"东方管理""中国式管理""管理学在中国"三个研究基本上都呈倒 U 形的发展趋势，即研究初期是文献数量快速增长，之后研究热度退减，文献数量逐年下降。"本土管理"则是持续上升状态，说明"本土管理"得到了更多学者和期刊的关注与交流。因此，出现了"东方管理"与"中国式管理""管理学在中国"被减弱，"本土管理"遥遥领先的现象。一方面由于"本土管理"相比较更具解释力，另一方面因为其他三个研究主题的概念内涵、哲学基础、研究范式等基础问题的探索更深入，进入具体理论构建阶段后的研究难度增大，因此，被关注和研究的热度退减（谢永珍，2017）[①]。

三、概念名称的选取

尽管学者们在关于"中国""管理""学"的排列、定义及界定上进行了大量丰富的研究，但还没有形成一个各方都认同的"中国管理理论"的概念名称及内涵。因此，关于"中国""管理""学"这三个核心命题如何界定、如何排列或引入新的词汇来完成表达，成为中国管理研究过去、现在和未来相关研究的一个基础性的问题和导向性的出发点（王学秀，2008）[②]。本章研究的首要任务，就是要在目前已经形成的众多概念名称中，确定一个能够被广泛认可的中国管理研究的概念命名。基于前文的分析，结果表明在众多的使用概念中，"中国管理理论"和"中国本土管理"两个概念是广泛认可和最常使用的概念。

为了明确"中国管理理论"和"中国本土管理"两个概念的研究趋势，本章以"中国管理理论"及"本土管理研究"为关键词进行学术关注度和传播度的趋势分析进行比较。在中国知网数据库中检索 2004~2019 年"中国管理理论"和"本土管理研究"的文献，其中剔除了"中国管理理论"和"本土管理研究"的外文相关文献的数据，共获得了 98 篇主题的中文文献。通过中国知网中的指数生成工具，最终生成了学术关注度和学术传播度研究趋势发展图，如图 4-2 和图 4-3 所示。

从图 4-2 分析可知，从 2008 年起"中国管理理论"和"中国本土管理研究"相关研究的学术关注度呈现逐渐增长的态势，"中国管理理论"的年文献数量远远超过"中国本土管理研究"的年文献数量。从图 4-3 可以看出，"中国本土管理研究"相关的学术研究比"中国管理理论"的各年均被

① 谢永珍.反思与超越：中国本土管理研究的道路自信与价值诉求［J］.济南大学学报（社会科学版），2017，27（3）：8-14.
② 王学秀."管理学在中国"研究：概念、问题与方向——第 1 届"管理学在中国"学术研讨会观点评述［J］.管理学报，2008（3）：313-319，365.

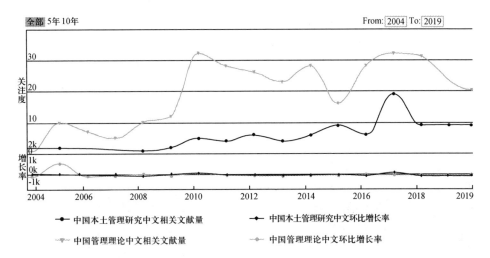

图 4-2　CNKI 对"中国本土管理研究"和"中国管理理论"的学术关注度
资料来源：根据中国知网关键词指数分析生成绘制。

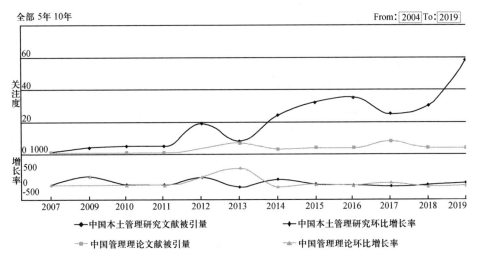

图 4-3　CNKI 对"中国本土管理研究"和"中国管理理论"的学术传播度
资料来源：根据中国知网关键词指数分析生成绘制。

引更高，2014 年后年均都超过 200 次，2019 年达到了 600 次。由图 4-2 和图 4-3 可知，"中国管理理论""中国本土管理研究"相关领域研究的学术关注度和学术传播度也基本呈逐年上升状态。以上分析说明"中国管理理论""中国本土管理研究"的研究范式被学者们逐渐认可。因此，本章的概念名称的确定可以在"中国管理理论"和"中国本土管理研究"中选择。

为进一步论证概念命名选择的合理性和科学性，本章再借助 CNKI 的指数分析功能辅助完成分析。以前文检索的文献为样本，生成了关于"中国本土管理研究"和"中国管理理论"的学科分布图和相关词频图，如图 4-4 和图 4-5 所示。

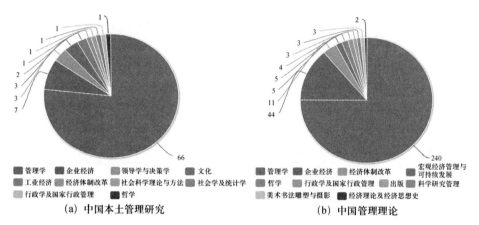

图 4-4   CNKI 对"中国本土管理研究"和"中国管理理论"的学科分布分析
资料来源：根据中国知网关键词指数分析生成绘制。

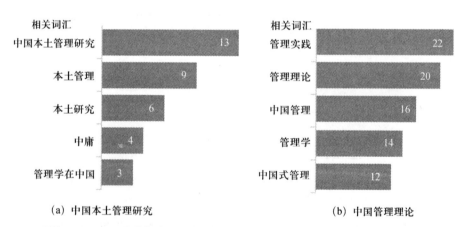

图 4-5   CNKI 对"中国本土管理研究"和"中国管理理论"的相关词分析
资料来源：根据中国知网关键词指数分析生成绘制。

从图 4-4 可知，"中国本土管理研究"和"中国管理理论"的学科分布基本相似，但从图 4-5 的相关词分析，"中国本土管理研究"的相关词汇主要是"中国本土管理研究""本土管理""本土研究"等，"中国管理理论"的相关词汇主要是"管理实践""管理理论""中国管理""管理学"等。"中国管理理论"更符合前文分析的要建立能够指导中国管理实践的理论背景与展望。近几年，有学者提出"本土化"是一个伪命题，因为本土化研究的问题必须是本地特有的，要有自己的推理、逻辑和概念的语言体系，要有自己的方法论和具体的研究方法。因此，国际化和本土化只是现象的差异，而不是本质上的差异。Shenkar和李炜文（2017）[①]也认为，本土化研究减少了研究的对比性，同时也降低了中国管理理论对外部世界的贡献。能否有本土化，以及实现国际化与本土化并不矛盾，未来中国管理研究的方向一定是国际化发展。

　　根据以上分析结果，本书最终选择徐淑英提出的"中国的管理理论"的概念。根据中国人的语言习惯，将"的"省略，文中统一使用"中国管理理论"概念命名，英文翻译采用徐淑英等学者提出的 Chinese Theory of Management，简称 CTM。

第二节　中国管理理论的概念重构

一、研究方法

　　内容分析法，产生于20世纪初美国的新闻界，最早被广泛地应用于媒体、传播学等领域，是以被记载下来的人类传播媒介的内容为对象进行文本分析的研究方法，是一种定性和定量相结合的研究方法（艾尔·巴比，2009）[②]。内容分析法的研究对象具体包括书籍、杂志、网页、诗歌等各种文本和其他载体的资料。研究主要过程是将文本内容按照一定的规则，采用简化、编码的方法系统地分配到既定或新构建的各个类目中，并使用统计软件对包含在这些类目中的关系进行分析。任何文本或者任何可以转换为文本的传播内容都可以作为内容分析法的研究对象。内容分析法后来被广泛地应用到情报学、教育学、政治学、社会学等学科领域，其应用范围不断扩大，也已经开始被学者在管理学的各个研究领域内尝试使用。如国内有不少学者开始运用内容分析法对各研究领域内的研究主题的概念进行研究。张瑜和雷丽（2013）[③]选取了国内外50个有影响力的"农业旅游"的概念作为研究样本，提炼出所选概念中出现最高的四个指标，应用这四个指标界定"农

① Oded Shenkar，李炜文.具有中国特色的管理学研究［J］.管理学季刊，2017，2（1）：1–11，118.
② 艾尔·巴比.社会研究方法（第11版）［M］.邱泽齐，译.北京：华夏出版社，2009：318–328.
③ 张瑜，雷丽.基于内容分析法的农业旅游概念界定［J］.西南师范大学学报（自然科学版），2013，38（6）：117–123.

业旅游"的概念。向富华（2017）[①] 选取了国内的 50 个"美丽乡村"的研究样本，进行了内容分析，提取了频率超过 50% 的"生态环境美""人居环境美""经济社会发展""社会和谐"四个类目，给"美丽乡村"定义。向婧怡等（2018）[②] 从国内文献中筛选出有影响力的 20 个"水生态文明"定义，进行内容分析和量化处理，提炼了七个关键词句凝练总结出"水生态文明"概念。卢小丽和武春友（2006）[③]、曾祥辉等（2015）[④]、柳俊等（2010）[⑤] 都采用了内容分析的研究方法分别对生态旅游、智慧旅游和电子商务模式进行研究和定义概念。

综上所述，预期采用内容分析法进行类目提取，能实现本章研究关于中国管理理论的概念重构的研究目的。

二、研究设计

在应用内容分析法进行概念主题领域的研究时，国内外学者采用的研究程序或试验方法的认识基本一致，主要包括以下六个步骤：步骤一，确定研究主题；步骤二，选择研究样本；步骤三，构建类目系统；步骤四，信度检验；步骤五，统计结果分析；步骤六，界定新概念。整个研究过程是层层推理的递进过程，具有客观性、系统性和定量性的特征（刘盛博，2014）[⑥]。

基于内容分析法的概念领域的研究，需要借助专业的文本分析软件来辅助完成。目前，内容分析法常用的分析软件主要有 ROST Content Mining、NVivo 等。其中，ROST Content Mining 分析软件是由武汉大学开发的，能够免费试用，操作简单，在管理学领域内也被广泛地使用。前文的向富华（2017）和曾祥辉等（2015）都是采用 ROST Content Mining 来辅助完成研究问题，达到了重新构建概念的研究目标。因此，本章最终选定的统计软件和版本是 ROST Content Mining 5.8.060，简称 ROST CM6，后文统一采用该简称。

---

① 向富华. 基于内容分析法的美丽乡村概念研究［J］. 中国农业资源与区划，2017，38（10）：25-30.

② 向婧怡，张红举，陈力，等. 基于内容分析法的水生态文明概念及评价指标探讨［J］. 中国人口·资源与环境，2018，28（S1）：169-175.

③ 卢小丽，武春友，Holly Donohoe. 基于内容分析法的生态旅游内涵辨析［J］. 生态学报，2006（4）：1213-1220.

④ 曾祥辉，郑耀星，张秦. 基于内容分析法的智慧旅游概念探析［J］. 资源开发与市场，2015，31（10）：1246-1249，1184.

⑤ 柳俊，王求真，陈珲. 基于内容分析法的电子商务模式定义研究［J］. 浙江大学学报（人文社会科学版），2010，40（5）：82-91.

⑥ 刘盛博. 科学论文的引用内容分析及其应用［D］. 大连：大连理工大学，2014.

三、样本选取与类目构建

1. 确定主题

本章的研究将遵循目前国内内容分析法采用的主流研究方法和研究设计过程。首先，通过界定所要研究的问题来确定研究主题。本章的研究问题是概念内涵的不统一，研究目的是要统一中国管理理论的概念内涵。因此，研究主题基于内容分析法指导，对精选的中国管理理论概念文本中进行词频和关键词分析，来提取核心类目。其次，通过运用专业软件找出出现最频繁的类目指标，归纳出中国管理理论定义中的关键类目为核心类目，并据核心类目来重新定义"中国管理理论"概念。

2. 样本筛选

运用内容分析法进行研究，在样本选择上有两个基本步骤，首先是要界定研究的样本总体，然后再从总体样本上进行筛选，抽出具有代表性的样本。本章研究选择中国知网 CNKI 数据库来获取关于中国管理理论的概念研究的文本文献样本数据。主要以"管理学在中国""中国管理理论""本土管理研究""东方管理""中国管理学""中国式管理"等为关键词进行检索。

选取"中国管理理论"概念样本的筛选原则主要是遵从权威性、无重复性和时效性三个原则，以力求收集的概念内涵能代表管理学界和实践者的主要核心观点。一是要有权威性和代表性。本章所选取的"中国管理理论"的概念主要是从期刊上选取，检索 CNKI 数据库中的 CSSCI 期刊，以保障获取样本文献代表内容的权威性。文献主要来自《管理学报》，因为齐善鸿、白长虹和陈春花等 39 位学者联名共同呼吁中国管理研究的出路与展望是直面中国管理实践，推动了"管理学在中国"和"反思与争鸣"栏目来刊发关于"中国管理理论"的构建研究，得到国内学者的持续关注。另外，选取文献样本的作者中，如王方华、苏敬勤、陈春花、吕力等是"中国管理 50 人"，一直都在致力于中国管理理论的研究。二是无重复性。针对上文分析的中国管理研究过程中的界定概念的演变，本章在每一概念中选取了主要代表作者的观点，如有多名作者提出类似或相同的概念，本章只选取一个，标准是最近提出或者被引用最高的概念，从而保证了概念上的无重复性。三是保证时效性。"中国管理理论"主要是在 2008 年由徐淑英提出的"管理的中国理论"和"中国的管理理论"之后才开始被学者们关注的，关于该概念下的主题研究也才出现。因此，样本的选取更偏重于近几年的界定概念及说法。另外，针对同一作者提出的同一或类似概念，本章选取最新提出的，从而保证了所选取的样本具有非常强的时效性。

　　为了能够获取更全面的文献数据，同时还检索了 2008~2019 年《管理学报》的"管理学在中国"栏目中的所有文献，然后剔除重复文献。在检索过程中，发现关于苏东水的"东方管理学"和曾仕强的"中国式管理"的期刊文献不多，基本上还是以著作形式传播，因此这两个概念定义选择从书籍中确定。同时，本章还通过检索微信公众号"管理 50 人"文章来丰富和补充文献文本资料，对截至 2019 年 12 月的 99 篇系列文章进行了筛选和分析，提取了一个代表性概念。综上所述，最终共选取了 20 个概念样本，所选取概念的来源涉及学术期刊（15 个）、书籍（2 个）、论文集（1 个）、管理类论坛（1 个）和微信公众号（1 个）。其中，学术期刊主要来自《管理学报》（8 个）和《外国经济与管理》（2 个），近几年，这两个管理学期刊一直在致力于研究中国管理理论的构建范式，《管理学报》文献比例占 40%。其他期刊各 1 个。概念的来源占比情况如图 4-6 所示，各个概念具体的定义时间、名称和代表作者如表 4-1 所示。通过表 4-1 可以判断概念选取的分布集中在 2018 年和 2019 年，比例达到 40%，充分保证了样本资料的时效性。

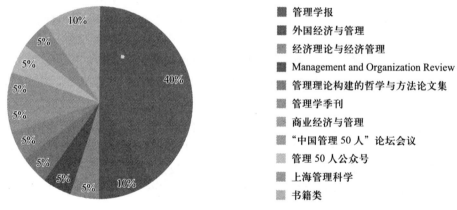

　　　　　　　　　　　　　　　　图例：
- 管理学报
- 外国经济与管理
- 经济理论与经济管理
- Management and Organization Review
- 管理理论构建的哲学与方法论文集
- 管理学季刊
- 商业经济与管理
- "中国管理 50 人"论坛会议
- 管理 50 人公众号
- 上海管理科学
- 书籍类

图 4-6　中国管理理论概念样本选择来源分布

资料来源：笔者整理绘制。

　　表 4-1 中所列 20 个"中国管理理论"概念是按照时间的先后顺序排列的，为了能更加简明地阐述信息，表 4-1 中仅列出概念的定义时间、使用的定义名称、定义代表作者，省略了中国管理理论概念的具体内容。为了能让研究结果更可靠，对其中一些学者提出的概念定义重新提炼与归纳，非原文摘录。从筛选的样本概念统计分析中，进一步论证了本章第一节分析的"中国管理理论"和"中国本土管理研究"是被更广泛地接受和传播的概念。因此，应用这 20 个概念作为研究对象，继续分析和研究是可行和科学的。

表 4-1　国内 20 个"中国管理理论"概念信息统计

序号	定义时间[①]	使用的定义名称	定义代表作者
1	2005	东方管理学	苏东水
2	2005	中国式管理	曾仕强
3	2009	中国的管理理论	徐淑英
4	2012	中国管理理论的本土研究	井润田
5	2013	中国本土管理研究	李平
6	2014	本土特有的管理学理论	章凯
7	2014	中国本土管理研究	陈春花
8	2015	中国本土管理研究	徐淑英、吕力
9	2015	中国特色管理理论	陆亚东
10	2016	中国管理学理论	张树旺
11	2016	中国本土管理研究	谢佩洪
12	2017	具有中国特色的管理学	Oded Shenkar
13	2018	中国管理理论	吴晓波
14	2018	本土管理研究	苏敬勤
15	2019	东方管理理论	苏勇
16	2019	中国本土管理理论（学）	吕力
17	2019	管理理论中国化	王永贵
18	2019	第四代管理学	陈劲
19	2019	中国管理学理论	王方华
20	2019	中国本土管理研究	胡国栋

资料来源：笔者整理编制。

从 20 个概念的具体内容分析，可以将中国管理理论的内涵和定义的研究划分为三个不同的代表性视角。第一种视角是从中国管理理论研究的主体和研究范围、对象来进行定义。进行中国管理理论研究应该采用主位研究（井润田、卢芳妹，2012[②]；胡国栋、王天娇，2019[③]；Andrew 等，2020[④]），

---

① 定义时间并非是提出的时间，而是提出的概念理论被广泛关注和高引用的书籍或文献的出刊时间。

② 井润田，卢芳妹.中国管理理论的本土研究：内涵、挑战与策略［J］.管理学报，2012，9（11）：1569-1576.

③ 胡国栋，王天娇.后现代主义视域下管理学的本土化研究［J］.财经问题研究，2019（4）：21-29.

④ Andrew, H., Van de Ven, 井润田，等 . 从"入世治学"角度看本土化管理研究［J］. 管理学季刊，2020，5（1）：1-13，130.

以中国管理实践、中国独特的管理现象和中国问题等作为研究对象（陈春花等，2014[①]；徐淑英、吕力，2015[②]）。第二种视角是从哲学思想对中国管理研究进行方法论的探讨（陈劲、尹西明，2019[③]；曾仕强，2005[④]；李平，2013[⑤]），如李平（2013）强调，进行中国本土管理研究必须深深扎根中国传统哲学，提炼"道""阴阳""悟"等传统哲学要素。第三种视角是从中国传统文化中来挖掘中国智慧，用于指导中国管理实践（苏东水，2005[⑥]；苏勇、于保平，2009[⑦]）。很多学者们都强调了这一点，认为中国传统文化中蕴含了丰富的管理智慧（朱秀梅、杨姗，2019）[⑧]。

3. 类目构建

在内容分析法研究过程中最重要的步骤就是对所分析的样本内容进行构建类目。所谓类目，也可称类别或指标，是指按照在互斥和穷尽两大原则指导下，对样本内容进行分解、提取而形成分类标准，是将内容单位进行归类的标准。所谓互斥是指各类目之间是相互不包含的，即每一分析单元只能归入一个类目，不能出现重复；而穷尽是指构建的类目要覆盖到所选的样本内容，即所有的分析单元都可归入相应的类目，不能出现无处可归类的分析单元（曾祥辉等，2015）[⑨]。类目的构建需要借助应用 ROST CM6 软件来辅助完成。

但在进行类目构建之前，还需要建立专业领域的分词词典。主要是因为 ROST CM6 软件中自带的词库缺乏在管理、管理学、管理研究、管理实践和理论构建等研究领域中的专业词汇。在分词过程中很容易将文献文本中的专业词汇拆开，导致统计结果不准确，会影响本章研究的科学分析和最终结论。因此，需要先补充建立分词词典。本章研究的操作是首先将 2008~2019 年的《管理学报》中的"管理学在中国"和"反思与争鸣"两个栏目里所有

---

① 陈春花，宋一晓，曹洲涛. 中国本土管理研究的回顾与展望［J］. 管理学报，2014，11（3）：321–329.
② 徐淑英，吕力. 中国本土管理研究的理论与实践问题：对徐淑英的访谈［J］. 管理学报，2015，12（3）：313–321.
③ 陈劲，尹西明. 范式跃迁视角下第四代管理学的兴起、特征与使命［J］. 管理学报，2019，16（1）：1–8.
④ 曾仕强. 中国式管理（修订本）［M］. 北京：中国社会科学出版社，2005：3–12.
⑤ 李平. 中国本土管理研究与中国传统哲学［J］. 管理学报，2013，10（9）：1249–1261.
⑥ 苏东水. 东方管理学［M］. 上海：复旦大学出版社，2005：6–18.
⑦ 苏勇，于保平. 东方管理研究：理论回顾与发展方向［J］. 管理学报，2009，6（12）：1578–1587.
⑧ 朱秀梅，杨姗. 管理类综述文章的撰写范式［J］. 外国经济与管理，2019，41（7）：137–152.
⑨ 曾祥辉，郑耀星，张秦. 基于内容分析法的智慧旅游概念探析［J］. 资源开发与市场，2015，31（10）：1246–1249，1184.

文献的关键词抽取出来，并进行了一定的筛选。最终精选了 261 个关键词补充分词词典，以保证后期的分词和词频统计更加专业、合理和科学。其次把选取的 20 个概念转换为 txt 文件，再按照内容分析法步骤首先利用 ROST CM6 进行分词处理，去掉一些无意义的词汇。最后根据分词后的 20 条文本和高频词汇，根据表达的含义提炼关键词句进行归纳，提炼了共 16 个分类目，分别用序号 a1、a2、a3、…、an 来表示，各类目的具体内容和含义，如表 4-2 所示。

表 4-2　中国管理理论概念特征类目系统

序号	分析类目	类目解释或相关关键词
a1	采用中国的逻辑思维	中国独特的方式，使用本土概念、本土视角，中国式套路
a2	扎根于中国管理实践研究（理论构建的来源）	研究中国管理实践，包括本土现象，对中国而言独特的问题、商业智慧、独特的资源配置、独特的管理元素、运行方式、管理者的经验等
a3	解释和指导中国管理实践	在中国管理实践中提炼出来的理论或思想，既能有效地解释中国管理实践，又能用于指导中国管理实践
a4	以解决问题为导向	解决中国企业面临的问题和困难
a5	以中国文化为根基（理论构建的起点）	东方文化、中国传统文化、社会文化是独特的和充满智慧的，挖掘中国文化背景下的管理智慧、思想、理论，或研究本地生活的文化脉络
a6	以哲学为基础	深入研究丰富的传统哲学、经验哲学、管理哲学，用中国传统哲学的要素来构建理论
a7	非科学性	摆脱科学传统、高度会意
a8	主位研究	与情境研究"客位"研究对立
a9	混合研究模式	中西互诠的方式，普适主义和本土主义的融合
a10	改进理论	吸收国外管理的成果，实现碰撞、改进
a11	构建原创理论	提出中国自己的理论、一般管理规律，构建中国特色的管理学基础理论
a12	本土理论	本土理论，区别于主流西方理论
a13	理论的国际化	普适理论，整体普适、部分特色
a14	沟通交流	结合中国情境与西方主流管理理论沟融与对话
a15	中国情境	中国情境，中国情景
a16	科学理性的主流研究	国际化的语言，实证主义研究方法

资料来源：笔者整理编制。

4. 信度检验

采用内容分析法进行研究，必须进行信度检验，以保障研究结论的科学性。为保证构建类目的科学性和合理性，普遍使用的方法是邀请 2~3 名相关领域内的评判员，对主评判员的分析结果进行检验。通常采用判断相互同意度的信度检验方法来判断编码员之间的信度或者编码员之间一致性的范围和程度。具体使用霍尔斯提公式计算相互同意度和信度，如式（4-1）和式（4-2）所示。信度检验的标准是评判员之间的一致性比率（即信度）达到或者超过 80%，则通过信度检验，表示研究分析结果是可靠的。

$$相互同意度 = 2M/N1+N2 \tag{4-1}$$

在式（4-1）中，M 代表参与的编码员一致同意的分析类目编码数量；N1，N2 代表进行比较的两位编码员的编码单位总数。

$$信度 = n × 平均相互同意度 /1+ \left[（n-1）× 平均相互同意度\right] \tag{4-2}$$

在式（4-2）中，n 为编码人数。

本章研究邀请了研究领域比较相近的同门师弟师妹作为评判员进行归类统计分析，对本章的分析结果进行检验。首先，对三位评判员进行编码的培训。其次，让每位评判员分别从 20 个样本总量中随机选取 12 个（60%）样本，各自相互独立地进行一级编码。最后，针对三位评判员的编码结果进行统计分析，若两个评判员观点一致则标记为 1，不一致则标记为 0，并以此来计算相互同意度、平均相互同意度和信度。

根据式（4-1），可计算出三位比较员之间的相互同意度，如表 4-3 所示。再根据表 4-3 中的评判员之间相互同意度，运用式（4-1）可求得平均相互同意度。

$$平均相互同意度 = （0.9 + 0.91 + 0.89）/ 3 = 0.9$$

再根据式（4-2），可求得本章研究的信度。

$$信度 = \frac{3 × 0.9}{1+ \left[（3-1）\right] × 0.9} ≈ 0.96$$

计算结果显示本章研究的信度为 0.96，远超过 80% 的最低评判指标，表示三位评判员的编码之间的相当一致，研究结论通过了信度检验。

表 4-3　三位评判员的相互同意度

相互同意度	甲	乙	丙
甲	—	0.90	0.91
乙	0.90	—	0.89
丙	0.91	0.89	—

资料来源：笔者整理编制。

四、统计结果与分析

1. 类目分析

根据表4-2中"中国管理理论"概念的16个类目系统,对"中国管理理论"20个样本经过详细比对和统计分析,将每一个概念涉及的类目的指标序号提取出来,具体概念所含类目的指标如表4-4所示。

表4-4　20个中国管理理论概念涉及的分析指标序号

概念序号	涉及类目序号	概念序号	涉及类目序号
1	a2、a5、a11	11	a2、a10、a11、a13、a15
2	a1、a2、a3、a4、a12	12	a1、a9、a11、a15
3	a1、a2、a11	13	a1、a2、a5、a13
4	a1、a2、a4、a8、a15	14	a1、a2、a3、a4、a11、a13
5	a6、a12	15	a2、a3、a4、a14、a15、a16
6	a1、a2、a12	16	a2、a3、a11、a15
7	a1、a2、a3、a5	17	a2、a3、a6
8	a2、a3、a5、a11、a12	18	a2、a6、a11
9	a2、a3、a11、a13	19	a2、a3、a5、a10、a11
10	a1、a5、a6、a9、a13、a14	20	a5、a7、a8、a12

资料来源:笔者整理编制。

在表4-4的基础上核算出每个类目出现的频次及频率,并进行了由高到低的排序,如表4-5所示。表4-5中的信息表明不同类目的指标在国内中国管理理论概念中的频率差异比较大,有的高达75%,低的仅有5%。其中,"扎根于中国管理实践研究""构建原创理论"这两个类目的出现频率均达到50%;"解释和指导中国管理实践""采用中国的逻辑思维"这两个类目的频率为45%;"以中国文化为根基"的频率为35%;"非科学性""改进理论""科学理性的主流研究"这三个类目的频率不超过10%。通过以上类目提取的分析,结果表明"扎根于中国管理实践研究""解释和指导中国管理实践""构建原创理论""采用中国的逻辑思维""以中国文化为根基"这五个类目是频率最高的类目指标,可以反映国内学者关于中国管理理论概念的共性。

表 4-5　中国管理理论概念类目频率分析

类目序号	类目名称	类目频次	类目频率（%）
a2	扎根于中国管理实践研究	15	75
a11	构建原创理论	10	50
a3	解释和指导中国管理实践	9	45
a1	采用中国的逻辑思维	9	45
a5	以中国文化为根基	7	35
a13	理论的国际化	5	25
a4	以解决问题为导向	4	20
a6	以哲学为基础	4	20
a12	本土理论	4	20
a15	中国情境	4	20
a8	主位研究	2	10
a9	混合研究模式	2	10
a7	非科学性	1	5
a14	沟通交流	2	10
a10	改进理论	1	5
a16	科学理性的主流研究	1	5

注：类目频率 = 类目频次 /20 × %
资料来源：笔者整理编制。

2. 社会网络和语义网络分析

为了提高研究结果的可靠度，接下来对"中国管理理论"样本研究过程中产生的分词文件，应用 ROST CM6 软件进行社会网络和语义网络分析，可以辅助以上的类目系统分析。具体是通过操作 ROST CM6 软件系统内的 Net Draw 分析工具，即可生成得到社会网络和语义网络关系图，如图 4-7 所示。

在社会网络和语义网络关系图中，箭头指向越密集代表着关注度越强，认可度越高，是样本文本的核心概念要素和内容。从图 4-7 的社会网络和语义网络分析中可以看出，在"中国管理理论"概念中，网络箭头指向最多的是"管理理论""管理""问题""管理实践""构建""独特"，说明这些关键词是学者最关注的研究热点和前沿。从图 4-7 中可以看出网络图的中心也有一个高频词"中国"。这和类目系统分析中的"中国逻辑思维"高相关。综上所述，社会网络和语义网络分析和前文分析的类目体系分析是高度一致的。

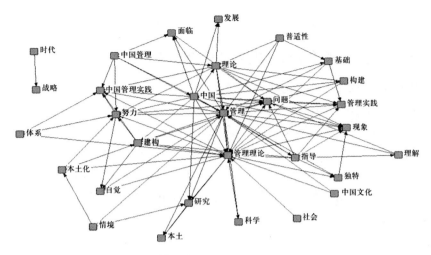

图 4-7　中国管理理论的社会网络和语义网络分析

资料来源：ROST CM6 软件生成而绘制。

五、概念的重构

通过运用 ROST CM6 软件进行内容分析，对国内 20 个中国管理理论样本概念进行分词与类目提炼的统计分析，并在信度检验合格的前提下，识别出中国管理理论概念中频率最高的五个类目指标。再通过 ROST CM6 软件中的 Net Draw 分析工具分析了中国管理理论样本概念经过分词后的文件，生成了社会网络和语义网络，进一步补充和证明了类目系统的关键指标。基于以上分析，提炼的"扎根于中国管理实践研究、解释和指导中国管理实践、构建原创理论、采用中国的逻辑思维、以中国文化为根基"五个类目指标具有较高的认同度，可以界定为中国管理理论的核心内涵。

综上所述，将中国管理理论概念定义为：以中国传统文化为根基，直面中国管理实践，采用中国特有的逻辑框架或范式构建的管理理论或管理研究成果，旨在有效地解决中国管理面临的问题，更好地解释和指导中国管理实践。简单来说，就是致力于研究有中国社会和文化特点的管理实践活动，提炼适用于中国管理实践的有效理论。

第三节　中国管理理论的评判维度

中国管理理论的评判维度主要从中国管理理论概念内涵的延伸进行分析，通过分析阐述中国语言、中国故事、国际语言、国际故事之间的演变发展关系，尝试提炼出中国管理理论的特质与评判维度。

一、中国管理理论概念的内涵延伸讨论

中国管理研究和理论构建的意义在于"中国"二字，要以中国人独有的智慧、思维反思中国乃至人类的管理实践，从而促进管理理论创新。中国管理学研究必须在通晓中国文化核心概念的基础上展开，要挖掘中国传统文化对于理论构建与管理实践的指导意义（张晓娟、王磊，2014）[①]，用中国的逻辑思维框架来构建中国管理理论。但本书并不否认普适性管理理论的存在，恰恰也认为国际化和普适化正是中国管理研究的未来发展趋势，如图4-8和图4-9所示。

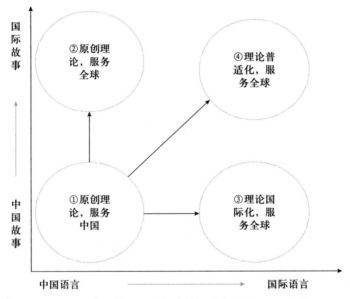

图4-8　中国管理理论构建的语言和故事2×2分布

资料来源：笔者整理绘制。

但就目前中国管理研究现状，在中国管理实践的理论构建研究成果中，还没有产生在国际主流学界中具有重大影响的理论，学术界更难以做到提取和总结普适性的理论。有学者认为，之所以在国际上没有话语权，是因为没有用国际语言来构建中国管理理论。但很多学者有不同的声音，认为国际语言显然已经超越了中国空间，不属于中国管理研究。中国管理研究之所以

---

① 张晓娟，王磊．本土化管理理论研究与实践探索的回顾与展望——"管理学在中国"2013年会（第6届）述评［J］．管理学报，2014，11（2）：181–189.

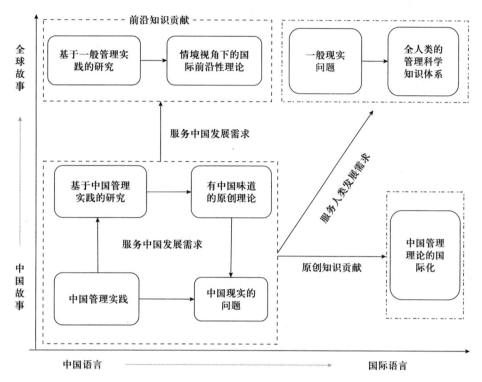

图 4-9　中国管理研究的分步走战略

资料来源：笔者整理绘制。

没有形成更多的分支理论，是因为缺乏中国管理理论构建的研究范式。因此，构建中国管理理论还需要厘清以下四组关系："中国语言，中国故事""中国语言，国际故事""国际语言，中国故事"和"国际语言，国际故事"，如图 4-8 所示。

其中，"中国语言"是指中国的研究思维框架，用中文语言、中国社会流行的或常见的概念，用中国统一的一套逻辑或范式（如果有的话）来研究中国特有的管理实践问题。"中国故事"是指聚焦中国管理情境的管理实践与管理理论。"国际语言"是指国际研究范式，更多的学者喜欢称作主流实证主义范式，具体指用英文语言，用英文文献里流行的概念和术语，运用实证的定量研究方法，并将成果发表在国际期刊上。"国际故事"是指聚焦全球范围内的一般管理实践、管理问题与管理理论，区别受制于情境因素与影响的一般管理实践。

①"中国语言，中国故事"是指用中国的逻辑思维与研究框架来研究中国管理实践，提炼具有中国管理实践基础的原创理论，形成的理论只适合解

释中国特定的空间下的管理实践现象和问题，为中国的管理实践服务，通过发表在中文期刊上进行传播与交流（张伶，2008）①。②"中国语言，国际故事"是指用中国的逻辑思维与研究框架来研究一般的管理实践，提炼适合解释中国实践的理论，形成的研究成果或理论发表在中文期刊上，是为中国的管理实践服务，解决中国企业面临的问题。如源于东方的概念、新理论也可能经过发展而扩展其适用范围，同时也可以用来解释西方的现象。③"国际语言，中国故事"是用科学规范的语言来推广和扩展适用于中国情境下的管理理论，提升中华民族在管理研究中的话语地位，从而与西方的管理理论进行更多的交流与融合，甚至平等对话，树立管理研究的中国话语的自信和权威。研究成果或理论知识通过发表在国外期刊上进行传播、交流与完善。"国际语言，中国故事"强调要将源于中国的新概念、新理论经过发展而扩展其适用范围，用来解释西方的管理实践，要与世界管理知识对接，从中国维度出发来丰富主流管理理论，实现中国管理理论的国际化发展，为全球管理知识的增长做出贡献（胡国栋、王天娇，2019）②。研究的服务宗旨和范围也从国内延伸到全球。④"国际语言，国际故事"是超越空间范围的研究，构建普适理论，共建全人类的管理科学知识体系，服务于全球发展。中国社会经济的崛起与管理实践的丰富，都会极大地推动中国管理研究的进程，会使今天被学者所称的"中国本土管理理论"成为明天具有世界意义的管理理论。

综上分析结果表明，中国管理理论并非指具有中国特色的管理理论，也非指管理理论在中国。中国管理理论会随着中国管理实践的丰富和研究范式的建立，推动理论创新向国际化、普适化发展。但当前阶段的中国管理研究或中国管理理论是指在中国这个特定的空间里研究和发表的管理理论或管理知识等研究成果，是以中国文化为背景，扎根中国管理实践，用中国语言讲中国故事，形成具有中国味道和中国气派的管理理论。

二、中国管理理论的特征维度

通过在中国管理理论的概念内涵界定的基础上，提炼与总结了中国管理理论的特征维度或判断标准，能让学者们可以更清晰地知道什么是中国管理理论，从而指导学者更科学地致力于中国管理研究与理论构建，产生更多的

① 张伶.中国管理学学术期刊的发展与未来展望——以《南开管理评论》十年发展为例 [J].南开管理评论，2008，11（6）：4–7，36.
② 胡国栋，王天娇.后现代主义视域下管理学的本土化研究 [J].财经问题研究，2019（4）：21–29.

研究成果与理论贡献。结合前文分析，中国管理研究的本质在于"中国"二字，只有通过中国独有的智慧与思维反思中国特定空间下的管理实践，在中国语境环境下，构建首先能服务于中国管理实践和社会经济发展的理论，才能推进理论的国际化和普适化发展。因此，除了满足一般理论的"解释与预测"的基本功能外，本章将中国管理理论的判断特征维度概括为：中国空间、中国文化、中国故事、中国语言。

其一，中国空间。中国管理理论创新与构建中的"中国"，首先是一个地域概念，即管理理论创新是面向中国特定空间的，要服务中国管理实践和经济发展。因此，中国管理理论当前阶段应该是在中国空间内形成的。学者开发和构建的中国管理理论，要以服务中国社会和经济发展需要为出发点和终极目标，研究成果主要是发表在中国中文期刊上，也包括国外期刊中少量中文语言的期刊。

其二，中国文化。中国文化不仅是指中国博大精深的传统文化，还包含了中国哲学。因此，通常所指的传统文化是个狭义的概念，仅指中国诸子百家的管理思想。中国传统哲学是中国传统文化的一部分和核心内容。因此，中国传统哲学与狭义的中国传统文化的集合构成了广义的中国文化。中国文化中还包括具有时代品格的社会文化和特质，如杰出的企业家思想和精神等。所以，要构建一个属于中国自己的关于管理理论构建的研究框架，路径之一就是要以中国文化为根基，在传统文化和当代管理思想价值中提炼管理概念和管理理论；路径之二就是要以中国管理哲学为视角，挖掘关于"阴阳""道""中庸"等哲学思想中蕴含的理论与方法论。

其三，中国故事。中国管理研究不但要挖掘中国传统文化的内涵与智慧，实现传统智慧的引领，更要解读 VUCA 新时代的管理实践特色，归纳优秀实践的一般规律，实现管理实践经验的共享（齐善鸿等，2018）[①]。因此，中国管理研究必须聚焦中国管理情境中的管理实践、管理现象和管理问题，旨在解释和指导中国管理实践和现象，解决中国管理实践面临的问题。管理就是实践，那么科学研究也是实践，是追求真理的实践研究。一个好的中国故事应该也是要具有好故事的"重要的、新颖的和令人好奇的"三个基本衡量标准（Colquitt and George，2011）[②]。好的中国故事可以是基于类似华为、海尔、阿里和腾讯等领先企业实践，也可以是小米等"独角兽"企业实践，

---

① 齐善鸿，李宽，孙继哲.传统文化与现代管理融合探究［J］.管理学报，2018，15（5）：633-642.

② Colquitt，J. A.，George，G. Publishing in AMJ：Part 1：Topic Choice：From the Editors［J］. Academy of Management Journal，2011，54（3）：432-435.

这些企业的管理实践及企业家思想的"故事"都会是一个好的中国故事。归纳起来就是要挖掘中国企业的优秀实践，从中发现中国好故事，然后讲好中国故事，诠释好中国故事背后的逻辑关系和一般管理规律，才能构建中国管理理论。

其四，中国语言。中国管理研究必须是在中国文化语境和学术氛围下开展理论开发与构建（李培挺，2013）[①]。因此，构建中国管理理论要采用中国式的研究思维、中国的语言风格、概念和框架等。可以暂时确定是符合中国的研究范式，即从整体思维角度用中文语言、中国社会流行的或常见的概念、用中国统一的一套逻辑或范式来构建理论。

结合统计分析和思辨规范分析，总结出中国管理理论的四个判断维度特征：中国空间、中国文化、中国故事、中国语言。四者之间还存在一定的交融和互相影响。因此，能够满足"中国空间、中国文化、中国故事、中国语言"的四个维度，都可以判断为是中国管理理论。

本章小结

中国管理研究与理论构建的研究模式已经开始实现由从照着西方管理理论讲，转换到接着中国管理实践讲。迄今也产生了蔚为壮观的知识成果，形成了诸如"东方管理""和谐管理理论""水样组织理论"等一批批具有中国特色的管理理论。但管理实践和管理理论脱节、管理理论落后于管理实践的困境并未得到有效解决，促使学者们开始关注中国管理理论构建的未来发展道路和研究范式等主题。学者们认识到，理论是文化的产儿，中国传统文化和管理哲学中蕴含丰富的管理智慧，既有人类文明的因子存在，更具有自己文化底蕴的特殊性。学者们或扎根传统文化，或从哲学视角，或结合当前中国管理实践发展的情景，提出了"东方管理""中国式管理""中国本土管理研究""中国的管理理论"等研究模式和发展策略。以上的中国管理研究概念名称不只是在文字排列上不同，在定义和内涵上，也有差异（齐善鸿等，2018）[②]。为了能规范中国管理研究与理论构建，有必要统一名称及概念，形成统一的研究范式。

本章系统梳理了中国管理研究概念的提出与演变分析，通过中国知网

---

① 李培挺. 也论中国管理学的伦理向度边界、根由与使命［J］. 管理学报，2013，10（9）：1283–1290.

② 齐善鸿，李宽，孙继哲. 传统文化与现代管理融合探究［J］. 管理学报，2018，15（5）：633–642.

数据中自动生成的学术传播度、学术关注度等指标，确定了将"中国管理理论"作为统一概念名称。基于内容分析法，以苏东水、曾仕强和徐淑英等知名学者的 20 个代表性的中国管理理论概念文本作为研究对象，通过 ROST CM6 软件进行分词研究，分析了中国管理理论的概念内涵，提炼了核心类目，重新定义了中国管理理论的概念。中国管理理论是指以中国传统文化为根基，直面中国管理实践，采用中国特有的逻辑框架或范式构建的管理理论或管理研究成果，旨在有效地解决中国管理面临的问题，更好地解释和指导中国管理实践。通过在新概念的界定基础上，探索并展望了中国管理研究的延伸与未来发展：先"中国语言，中国故事"，然后同步发展"国际语言，中国故事"和"中国语言，国际故事"，最后的终极目标是"国际语言，国际故事"。结合中国管理理论的内涵和未来发展趋势，归纳了中国管理理论的"中国空间、中国文化、中国故事和中国语言"四个判断特征维度。

研究结果表明，中国管理理论是指在中国这个特定的空间里，以中国文化为背景，通过用中国语言讲中国故事，将自主创新的管理理论和管理知识等研究成果主要发表在中文管理学期刊上进行传播与完善。中国管理理论具有四个特征维度，分别是中国空间、中国文化、中国故事和中国语言。

第五章　基于扎根理论的中国管理理论构建研究

第四章研究了中国管理研究的基础性问题，即统一中国管理研究的概念名称为"中国管理理论"，并重构了中国管理理论的概念内涵。但根据第二章的文献综述部分与第三章的研究结论分析，多年来围绕着"如何构建中国管理理论"这个研究主题，中国管理学者一直都在努力尝试构建理论开发与创新的分析框架、研究范式或逻辑模型等。但仍然没有形成被普遍认可和能指导学者如何开展理论构建的理论框架或研究范式。缺乏规范的研究范式和科学纲领的指导是导致当前中国管理研究陷入困境的重要原因。本章将以扎根理论研究范式为指导，以中国知网 CNKI 数据库为数据来源，以大样本科技文献为数据载体，以第四章提炼的中国管理理论四个评判维度为依据选取样本文献。通过在中国知网 CNKI 数据库中精选出与主题高相关的 116 篇科技文献作为研究对象，通过提取期刊论文中关于如何进行中国管理研究的高频语句、核心句式，再进行扎根理论的概念化、范畴化等三级编码，最后提炼中国管理理论构建的核心范畴。

第一节　扎根理论

扎根理论属于后实证主义研究范式，现已被广泛运用在管理与组织理论研究中。本节将从扎根理论的内涵、形成的流派、资料集（数据）的来源、一般研究范式与步骤过程等内容进行阐述。研究结果表明扎根理论适用于本章研究，预期能达到本章的研究目标。

一、扎根理论内涵及流派

扎根理论是质性研究的代表方法，是由美国学者 Glaser 和 Strauss（1967）[①] 提出的一种探索性的研究策略和方法。经过几十年的发展，被广泛

[①] Glaser, B., Strauss, A. The Discovery of Grounded Theory: Strategies for Qualitative Research [M]. New York: Aldine, 1967.

引入社会科学研究中，产生了巨大影响，被越来越多的学科和研究者所接受，已经成为进行质性研究的重要方法。扎根理论主张从原始材料入手，不带任何假设地开展经验观察和概念归纳，具体研究过程是从经验材料中以逐级归纳的方法获取理论性命题和本质构念，从而创造理论。在经典扎根理论的基础上，还演化形成了程序化扎根理论（Strauss and Corbin，1994）[①] 和建构主义扎根理论（Charmaz，1995）[②]。以上扎根理论的三个流派都强调理论贡献，使用最广泛的流派是经典扎根理论和程序化扎根理论，两者的区别主要在编码的指导原则与过程的差异。贾旭东等（2018）[③] 从中国采用规范的扎根理论研究方法的文献统计分析中，发现使用程序化扎根理论的文献比例高达83.9%，远超经典扎根理论。程序化扎根理论成为国内最广泛认可和使用的扎根理论流派。程序化扎根理论采用的编码技术具体包括开放式编码、主轴式编码和选择式编码三个主要步骤，通常通过"维度化""典型模型"等新工具辅助完成分级步骤和分析技术。程序化扎根理论规范化的研究过程也比较适合扎根理论的新手研究者使用。

二、扎根理论的数据来源

扎根理论资料来源有多种途径，基本上所有的文本材料皆为数据来源。但主要采用的是一手资料或数据，如通过参与式观察、问卷访谈获取的数据。其次是通过田野调查和案例调研等方式获取资料。除此之外，年鉴、政府统计资料、传媒、传记与日记等文献资料，过去一般也只作为辅助资料，现在演变为扎根理论的重要样本资料。近些年，越来越多的学者一改扎根理论传统的"小样本"资料的研究，开始使用科技文献文本的"大样本"数据作为扎根理论的直接或主要数据来源。

科技文献文本主要是指各大数据库中收录的期刊上公开发表的文章。文献文本数据较访谈、跟踪调查等获取的资料，具有独特的优点：一是科技文献都是经过作者们反复思考形成的公开发表的思想，涵盖了该领域内绝大多数专家的观点和思想。二是现有国内外的文献数据库提供了类型丰富的文献数据资源，为获取大样本文献数据提供了保障。三是文献文本分析可以克服个人访谈和案例分析中的主观片面性和较大随意性等缺点，使样

① Strauss, A., Corbin, J. Grounded Theory Methodology: An Overview [J]. Handbook of Qualitative research, 1994（17）: 273–285.

② Charmaz, K. Grounded Theory [J]. Rethinking Methods in Psychology, 1995（24）: 27–49.

③ 贾旭东，何光远，陈佳莉，等. 基于"扎根精神"的管理创新与国际化路径研究 [J]. 管理学报, 2018, 15（1）: 11–19.

本数据资料更具客观性。因此，以科技文献文本数据作为样本进行扎根研究，可以使扎根的基础更加扎实，在文献数据基础上构建的理论也更具有说服力。

三、扎根理论的研究范式

扎根理论不同于"演绎—验证"逻辑，是属于从下而上的实质性理论构建范式，具体的研究过程和研究范式如图 5-1 和图 5-2 所示。扎根理论的核心思想要求研究者在没有任何基础假设的情况下，主要以归纳推理为主，通过对调研资料和数据的不断分析和"深描"来提炼概念和理论（Thomson，2011）[①]。具体的技术方法是从资料数据集中挖掘数据的潜力，产生新概念，再将新概念推演出新范畴。在分析过程中不断与已经形成的概念、范畴进行比较，直到没有再出现新的概念和范畴时，理论才达到饱和，才能选择核心范畴来建构相关的理论体系（Glaser and Strouss，1967）[②]。

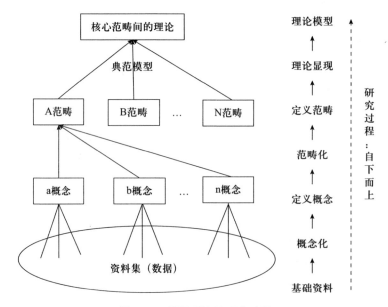

图 5-1 扎根理论的研究过程

资料来源：根据文献 [③] 资料整理绘制。

① Thomson，S. B. Sample Size and Grounded Theory [J]. Social Ence Electronic Publishing，2011（5）: 184-192.
② Glaser，B.，Strauss，A. The Discovery of Grounded Theory: Strategies for Qualitative Research [M]. New York: Aldine，1967.
③ 李新. 基于扎根理论的绿色供应链运行模式研究 [D]. 鞍山: 辽宁科技大学，2018.

　　扎根理论注重对研究问题和现象的新理解和新认识，在进行归纳推理过程中，还需要加入新资料，实现新资料与分析的一个持续互动过程，直到达到理论的饱和状态。目前学者们已经形成了一致认可的规范研究范式，如图5-2所示。

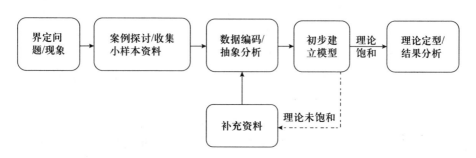

图 5-2　扎根理论的一般研究范式
资料来源：根据文献资料整理绘制。

四、扎根理论于本章研究的适用性

　　由于目前还没有形成公认的关于如何开展中国管理研究和进行理论构建的研究范式，导致中国管理研究成果呈现出比较大的零散性和多样性的状态。因此，构建中国式的管理研究范式意义重大。

　　但若要通过量化研究的测量事物要素及要素关系，来构建一套完整的中国管理理论构建整合理论模型是非常困难的。有必要选择合适的研究方法来实现解决当前的研究问题。扎根理论比较适合于新概念的探索和界定（张冉，2019）[①]，已经有很多学者运用扎根理论来构建研究框架模型。如尹苗苗等（2017）[②]通过在中国知网 CNKI 数据库中精选了 31 篇关于"模仿创业"的文献，借助扎根理论的编码技术对文献进行整理，提炼出了三级编码，最终根据编码之间的逻辑关系，构建了模仿创业的研究模型。周博文和张再生（2020）[③]从国外的 WOS 数据库和国内的中国知网 CNKI 数据库中检索收集了 1701 篇众创经济文献，从中抽取了 126 篇代表性文献，运用扎根理论对众创文献进行三级编码，通过贴标签、概念化、主轴编码和核心范畴

① 张冉.基于扎根理论的我国社会组织品牌外化理论模型研究［J］.管理学报，2019，16（4）：569-577.

② 尹苗苗，李昀，周冰玉.基于文本分析的国内模仿创业研究评述［J］.管理学报，2017，14（11）：1587-1593，1615.

③ 周博文，张再生.国内外众创经济研究述评——基于文献计量与扎根理论分析［J］.当代经济管理，2020，42（3）：1-11.

提炼，构建了众创经济理论体系。高锡荣等（2018）[①]利用中国知网 CNKI 数据库搜索文献，通过三轮的数据筛选，选取了符合要求的 134 篇"众包"文献，通过逐层提炼精练概念，提炼了"内在需要、能力禀赋和外在条件"三大核心范畴，来构建众包参与行为机制模型。以上研究都以文献文本数据为研究对象，借助扎根理论方法的指导，很好地完成了主题研究和理论模型的构建。

综上所述，扎根理论法的指导宗旨与本章的研究主题和研究目的非常契合。预期采用规范的扎根理论能有效地解决本章的研究问题，能够成为本章研究的有效工具。

第二节　研究设计与文献资料收集

严谨的研究设计是保障研究顺利进行的技术手段和重要环节，能够指导文献资料的收集方向，从而决定了样本数据的质量，提升研究结果的可靠性。

一、研究设计及编码方法

本章采用扎根理论研究方法，以中国管理理论构建的相关文献为研究对象，通过程序化扎根理论的三级逐级编码方法的指导，实现构建中国管理理论的研究框架或逻辑模型。具体的研究范式和步骤如图 5-3 所示。

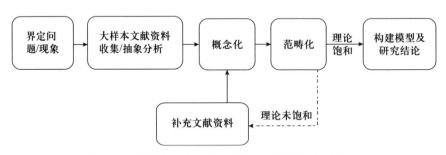

图 5-3　基于文献文本资料分析的扎根理论研究范式

资料来源：笔者根据文献资料[②]整理绘制。

[①] 高锡荣，杨菲，杨建．基于文献编码分析的众包行为发生机制模型构建［J］.科技进步与对策，2018，35（6）：14-20.

[②] 白长虹，刘春华．基于扎根理论的海尔、华为公司国际化战略案例相似性对比研究［J］.科研管理，2014，35（3）：99-107.

基于大样本文献资料为研究对象的扎根理论基本范式指导下，具体研究过程及设计如下十步骤：

（1）根据文献综述部分与第三、第四章的内容分析与研究结论，进行数据的预收集，先确定研究方向与研究问题。

（2）收集并正式下载科技文献资料，进行基础性、相关性及应用性等数据的筛选抽样，确定样本文献文本。

（3）对文献文本数据内容进行比较，选取高频词与语句等。然后进行三级编码处理，具体过程即步骤（4）~步骤（7）。

（4）将所得原始语句和高频词等数据进行贴标签和概念化处理，即实现开放式编码中的概念化。

（5）从概念化的数据中进行归纳，提取出具体的范畴类别，即实现开放性编码的范畴化。

（6）依据施特劳斯的典范模型或其他路径方式，对所得的概念与初始范畴再次进行对比分析，概括并完成主轴性编码，提出主范畴。

（7）反复比对分析以上步骤（4）~步骤（6）中提出的初始概念、初始范畴以及主范畴，进行选择性编码阶段，即提炼构建故事线的核心范畴。

（8）在三级编码过程中，保持逻辑的敏感度，对数据、概念及各范畴间不断地进行比较。若是出现了空白立即补充文献文本数据，即返回到步骤（3）。

（9）通过样本外资料进行饱和度检验，直到概念、范畴都达到了饱和，范畴间也建立了逻辑关系，完成了"理论饱和"检验。

（10）应用所获得的概念、范畴，构建理论模型。

在以上十步骤中特别重要的步骤是扎根理论的三级编码，即步骤（4）~步骤（7）。第一级编码是开放式编码。从选取的文献文本资料中发现中国管理构建研究的概念类属，将有关的内容进行概念化和范畴化的过程。最核心的工作是要将提取的所有概念进行初始命名，归纳出类属关系和理论维度。第二级编码是关联式编码或主轴式编码。通过不断的前后对比进行聚类分析，再通过典型模型、维度化等理论方法将散乱的副范畴之间构建逻辑关联。第三级编码是选择式编码或核心编码。选择式编码是在以上开放式编码和主轴式编码内容的基础上进行的，是对编码做进一步的归纳和提升。通过系统的比较分析来挖掘经验资料中的隐性故事线来呈现行为现象和脉络条件等，最终从若干主范畴中提炼核心范畴来构建一套全新的理论体系。选定的核心范畴，既要能够统领其他主范畴，又要能共同解释说明全部现象。

以上三个编码过程及步骤一般是按照先后顺序进行的，但在具体的操作过程中需要在样本文献资料、概念和范畴之间不断地反复检查和完善。因此，在具体提炼编码的过程中会存在一定的交叉。通过以上三个编码步骤，最终提炼出能够代表中国管理理论构建的研究框架的核心范畴。

二、文献数据收集与处理

1. 数据库和期刊的选择

为了能收集到中国管理理论构建的高相关文献资料，在本章中将继续以中文管理学期刊作为样本期刊。因为要想诠释好中国管理现象，那势必要依赖中国管理学期刊上的知识积累与理论贡献。因此，选择中文期刊来探讨中国管理理论构建的研究框架或逻辑模型更容易被接受。文献选择的具体依据是第四章研究结论中的中国管理理论的"中国空间、中国文化、中国故事和中国语言"四个评判维度。

本章研究选择中文期刊数据库中的中国知网数据库，因为中国知网数据库相比较中文社科科学索引数据库（CSSCI）已经完成 2019 年的同步更新，收录了 2019 年全部的管理学期刊的文献，而且是全文收录，为获取完整和可靠的数据提供了保障。为了提高文献检索的查全率，学者通常会通过两种模式或策略：第一种策略是进行关键词检索，适用于目标领域较为明确的情况；第二种策略是从核心期刊中进行文献检索，适用于目标不明确而且期刊分布广泛的情况（谭力文等，2016）[①]。在第三章分析中，中国管理理论构建的期刊分布不但比较多，而且比较分散，再加上研究主题的关键词比较多，因此采用第二种策略。对于期刊的筛选，首先是参照"中国人文社会科学期刊评价报告"（2018 年），初步选择排名前 2 的期刊《管理世界》《经济管理》；其余期刊的选择标准是以第三章中的表 3-2 中国管理理论研究载文数量排名前 6 的期刊，《经济管理》包含在内。近几年，《管理学季刊》也开发专栏和特辑致力于推进中国管理研究。从"吸引力""管理力""影响力"审视以上期刊，均具有一定的底蕴或是中国管理研究推动的新兴主力军，基本上能够代表中国管理研究的核心观点，作为样本来源是具有可信度的。通过筛选后最终形成了以《管理世界》《经济管理》《管理学报》《科技进步与对策》《外国经济与管理》《管理学季刊》《科学学与科学技术管理》7 大管理学期刊作为收集样本文献资料的来源期刊。

---

① 谭力文，伊真真，效俊央.21 世纪以来国内组织行为学研究现状与趋势——基于 CSSCI（2000—2013）文献的科学计量分析［J］.科技进步与对策，2016，33（1）：154-160.

2. 文献检索

将文献检索时间跨度设定为 2008~2019 年。将检索的起始时间节点设置为 2008 年，一是尽管 2008 年之前已经有文献涉及中国管理理论的构建，但系统地研究与探讨中国管理研究与理论构建是在 2008 年之后，主要是以郭重庆（2008）提出中国要构建自己的管理理论历史使命与责任，以及 Barney 和 Zhang（2009）提出的"中国管理的理论"和"管理的中国理论"两条研究路径为时间节点。因此，收集 2008 年之后的管理学期刊中的文献资料更具有针对性、时效性和权威性。二是 2008 年之后国内的管理学期刊已经逐渐实现了转型与蜕变，"中国管理实践""管理学在中国"和"本土管理研究"等研究均是在 2008 年以后开始有了大量的学者进行研究。以"中国·实践·文化""中国管理 50 人论坛"等特色的论坛和学术探讨，不但记录了中国管理研究与理论构建的动态发展，更是推动了中国本土文化、管理实践与理论发展的关系。三是关注近期的研究成果，能够更真实地反映学者的声音，让研究样本数据更贴切研究主题，数据也更具有时效性。

检索时间和收集文献的被引频次的时间是 2020 年 5 月 10 日至 12 日。根据第三章的文献收集和结果分析，发现通过主题或关键词检索可能会遗漏比较重要的关于中国管理理论构建的文献，或会出现不相关的文献。因此，在检索文献过程中，可以选择期刊专题栏目来完成检索。7 大样本期刊中部分期刊设置了专栏，可从专栏中选定文献。例如，《管理学报》可以从"管理学在中国"和"学术与争鸣"两个专栏中选取文献，《外国经济与管理》可以从"东方管理"和"明哲专栏"两个专栏中选取适合主题的文献，《管理学季刊》主要从"中国管理学向何处去？"特刊选取主题高相关的文献。其他期刊在栏目划分方面不是特别清晰的情况下，将采用手动收集文献的方式检索收集相关文献。具体操作方式是通过对以上未设置专栏的期刊从 2008 年 1 月起的每期文献中，根据题目、关键词和摘要进行判断并下载相关文献。在检索文献中首先要排除实证分析和案例分析的文献。最终获得 380 篇有效文献资料，具体分布情况是《管理学报》309 篇、《管理世界》19 篇、《管理学季刊》16 篇、《科学学与科学技术管理》10 篇、《外国经济与管理》9 篇、《经济管理》10 篇、《科技进步与对策》7 篇。

3. 文献样本数据的第一轮筛选

对符合主题的所有文献资料中，首先剔除各种学术会议述评、访谈、研究综述和侧记等文献资料，最终清洗了关于"管理学在中国""中国管理 50人""中国·管理·实践""中国本土管理研究"等论坛的会议纪要和会议述评等文献共 34 篇。清洗后的样本文献有 346 篇。

4. 文献样本数据的第二轮筛选

第二轮的筛选是论文的精选过程，主要是基于高频词语、文章的详细内容和文献的被引频次排序，具体的选取标准是针对样本文献资料的内容是否涉及中国管理研究与理论构建的相关性、应用性和基础性等研究。同时，对于同一作者刊发的多篇文献资料，只选取被引频次排位在前 5 的文献。经过严格筛选、讨论和咨询，最终在《管理世界》《管理学报》等 7 大期刊中精选出 116 篇文献作为本章的研究对象。116 篇样本文献中有陈春花、徐淑英、吕力、齐善鸿、吴照云、谭力文、陈劲、郭重庆、高良谋、黄光国、谢佩洪、李海洋、张金隆、张玉利、李平、贾旭东、席酉民和章凯等 70 位主要代表作者。样本文献期刊分布情况为《管理学报》88 篇、《管理学季刊》11 篇、《管理世界》7 篇、《科技进步与对策》4 篇、《科学学与科学技术管理》3 篇、《经济管理》2 篇、《外国经济与管理》1 篇。综上所述，无论是代表作者的影响力还是期刊分布情况都充分保障了样本文献资料的权威性。样本文献的年份分布情况如图 5-4 所示。近三年的文献样本资料共 31 篇，约占总文献数量的 1/3，充分保障了文献资料的时效性，同时也提高了研究结果的精准性和科学性。

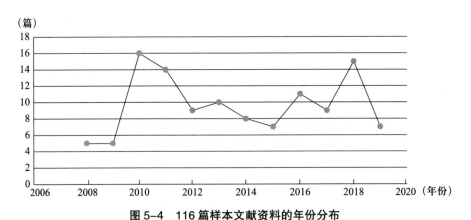

图 5-4　116 篇样本文献资料的年份分布

资料来源：笔者整理绘制。

第三节　数据编码过程与结果

本章研究以在《管理世界》《管理学报》《经济管理》等 7 大管理学期刊上收集的文献样本资料集中精选的 116 篇文献为研究对象，基于扎根理论的三级编码方法逐级进行编码，完成样本数据的初步概念化、概念化（副范畴）、主范畴化编码和核心范畴的选择。

一、开放式编码：进行概念化

开放式编码主要有三个步骤，首先要在样本文献文本中提取与研究主题高相关的原始语句，整理分析提取的语句内容，然后再进行语句内涵的概念化，最后整合概念，实现范畴化编码。

1. 提取原始语句

通过对本章第二节精选的116篇中国管理理论构建的高相关文献进行深入研读，将包含中国管理理论构建的语句或高频词做好标记并提取出来。选取内容的标准是中国管理研究与理论构建的理论基础、科学范式、研究对象、方法论等内容，或者是当前中国管理理论构建过程中面临的其他挑战。具体选取的方式是高频词、高频句，或者是文章中明确指出的关于构建中国管理理论的"本文认为……""本研究发现……""研究结论表明……""笔者认为……""通过分析可见……"等句式。文章中没有明显提示语句的，则依据摘要和关键词来选取词句或语句。另外，一篇文章中的观点至少记录一条但不超过五条语句，相同观点不能重复提取；同一作者在不同文章中的相同观点只记一次，不同观点分别记录。通过反复阅读比对，最终共获取了204条原始语句或句段。

2. 初步概念化

开放式编码主要是对原始文本资料进行内容分析和概念化的过程。本章研究采用手工编码的方法，通过对204条原始语句或句段反复阅读，进行逐句逐行的片段抽象化，定义现象进行编码贴标签，用（ax）表示。为了保障编码的质量和反映原始语句的核心含义，定义的标签尽可能使用文献文本材料中的原始词语或语句。完成定义现象贴标签编码后，再通过对初始标签条目进行筛选与整理，删除含义不明显或不直接相关的标签，合并含义相同或类似的标签，进行概念观点的提炼，形成初始概念，用（aax）表示。

经过对抽取的204条原始文献语句或句段中的现象和内涵概念进行分析和归纳，最终得到230个标签和99个初始概念。定义现象的贴标签过程和初步概念化编码简单列举如表5-1所示。

表 5-1　开放式编码结果列举

相关文献中提取的语句或句段列举	文献编号	开放式编码	
		定义现象贴标签（ax）	初始概念化（aax）
本文认为，以研究本土管理实践为中心是中国管理研究能够取得突破性进展的关键（a1）	DN001	a1 以本土实践为重心是关键 a2 定义管理实践是前提 …… a29 挖掘实践中的问题 a30 针对问题开展规范研究 a31 创新方法和成果 …… a39 倡导科学精神 a40 中国管理思想的研究要加强 a65 不同研究问题匹配不同的研究方法 …… a201 偏重定量研究，缺乏规范的定性研究 a202 开展规范的定性研究 …… （共 230 个标签）	aa1 以本土实践为研究重心（a1、a17、a24、a63、a117） aa2 空间维度差异（a3、a4、a92、a185、a229） aa3 定义管理实践（a2） aa4 时间维度差异（a5、a79、a91、a93、a230） aa5 实践差异下的特色理论（a6、a23） aa6 多元化路径（a11、a193） …… aa77 主位研究的扎根精神（a204） aa78 多元化方法论（a218） aa79 加强定性研究（a201、a226） aa80 面向"中国问题"（a221，a164，a127） aa81 关注管理现象（a198，a162，a191） aa82 创新导向（a195） aa83 规范案例研究（a153，a154） aa84 个体研究者素质（a125，a177，a206） aa85 坚持严格的科研范式（a160） …… （共 99 个初始概念）
明确管理实践的定义是在研究本土实践中能够界定研究对象的前提（a2）	DN001		
目前更务实的策略是重视中国管理的研究，从中国管理实践中挖掘科学问题（a29），针对问题而非数据开展规范的研究（a30），寻求方法和成果的创新（a31）……	DN010……		
在研究态度上，倡导回归科学精神（a39）	DN013		
文化能够影响管理实践，中国传统文化和管理思想对中国企业和个人的影响是无处不在的，要加强对中国管理思想的研究（a40）	DN014		
应该采取权变的研究方法导向观，结合不同的研究问题，对统计分析、案例研究、演化理论、扎根理论、社会网络分析、系统动力学等方法进行合适的选择（a65）……	DN025……		
目前学界这种过于偏重定量研究的倾向也与缺乏规范的定性研究方法论有关（a201）。构建中国管理理论亟须开展规范的定性研究（a202）…… （共 204 段原始语句或句段）	DN086……		

资料来源：笔者整理编制。

3. 初始范畴化

初始范畴化是指对各个原始概念间的逻辑关系进行归纳整理，再重新编码。通过对前文总结的 99 条初始概念做进一步拆分、比较，最后得到 40 个初始范畴（或称副范畴，对应下文的主范畴），用（AX）表示。范畴化编码的过程与结果列举如表 5-2 所示。

表 5-2　初始概念的范畴化

副范畴化（AX）	初始概念化（aax）
A1 以本土实践为研究对象	aa1 以本土实践为研究中心 aa81 关注管理现象
A2 界定管理实践	aa3 定义管理实践
A3 多元研究范式	aa7 学术规范多样化 aa10 混合研究模式 aa27 多元研究范式
A4 人文思维	aa48 非实证主义研究范式 aa50 人本主义范式
A5 以实践问题为研究对象	aa11 以问题为中心 aa80 面向"中国问题"
A6 架构实践与理论的机理	aa5 实践差异下的特色理论 aa8 构架解释实践的机理 aa12 理论与实践的张力 aa68 理论与实践的脱节
A7 匹配方法	aa17 匹配方法 aa60 理论构建的方法 aa61 理论验证的方法 aa95 清楚了解不同研究范式的优劣势
A8 空间维度	aa2 空间维度差异 aa23 中西融合 aa99 由内而外
······	
A16 整合现有研究方法	aa52 使用通行的研究方法 aa70 消除方法差异与多样性的影响 aa44 多元方法的使用 aa41 思辨与实证共存的研究方法 aa78 多元化方法论 aa21 批判使用实证主义 aa94 掌握各方法的使用情境

副范畴化（AX）	初始概念化（aax）
A17 多元研究路径	aa6 多元化路径 aa73 实践不是唯一的研究对象 aa91 超越实践的研究
A18 以中国哲学为研究对象	aa26 以中国哲学为研究对象 aa51 加强中国哲学与文化研究 aa87 管理伦理的研究
A19 传统文化概念化与理论化	aa37 传统文化概念化与理论化 aa63 破解传统文化研究的缺陷 aa62 继承传统的学术研究 aa64 中国文明的特殊性
A20 优先框定问题	aa30 优先框定问题
……	
（共 40 个范畴）	（共 99 个初始概念）

资料来源：笔者整理编制。

二、主轴式编码：提炼主范畴

主轴式编码（轴心式编码）主要是通过聚类分析将以上的初始概念和副范畴按照一定的规则或路径建立关联和逻辑关系，这个过程称作提炼主范畴，提炼的主范畴用（AAX）表示。通常主范畴命名既可以借用学术界术语来表达，又可以由研究者根据需要进行自创表述来表达。在本章研究中，主要采用学术界术语的命名方式。若无法通过以上学术术语方式完成命名，则通过归纳总结实现主范畴的提炼。主轴式编码通常有两条操作路径可以参考：第一条路径是合并意义和逻辑相同或相似的两个或两个以上的副范畴为一个主范畴。例如，副范畴"A4 人文思维""A29 史学思维""A36 中庸思维"和"A35 中国式思维"可以合并为"研究思维"。参考韩巍（2008）[①] 从研究取向、研究的时间角度、研究的空间、研究的层次边界对东方管理理论进行了问题界定和研究边界界定，将副范畴"空间维度"和"时间维度"可以合并为时空边界维度。第二条路径是借助典范模型"因果条件→现象→情景（脉络）→中介条件→行动（策略）→结果"（苏郁锋等，2017）[②]。例如，

---

① 韩巍.从批判性和建设性的视角看"管理学在中国"［J］.管理学报，2008（2）：161-168，176.

② 苏郁锋，吴能全，周翔.制度视角的创业过程模型——基于扎根理论的多案例研究［J］.南开管理评论，2017，20（1）：181-192.

副范畴"A1 以本土实践为研究对象""A2 界定管理实践""A5 以实践问题为研究对象""A9 界定问题""A14 以现代思想为研究对象""A38 理论与实践脱节""A20 优先框定问题""A6 架构实践与理论的机理""A37 创立中国术语"之间存在以下关联及逻辑关系:"A38 理论与实践脱节→ A20 优先框定问题→ A1 以本土实践为研究对象、A5 以实践问题为研究对象和 A14 以现代思想为研究对象→ A2 界定管理实践、A9 界定问题→ A6 架构实践与理论的机理→ A37 创立中国术语",由此将上述 9 个副范畴整合为主范畴"直面中国管理实践"。以此类推,最终将 40 个副范畴归纳总结为 9 个主范畴,主范畴的编码结果如表 5-3 所示。

表 5-3　主轴式编码结果

主范畴（AAX）	副范畴（AX）	
AA1 研究思维	A35 中国式思维 A36 中庸思维 A40 国际化融合思维	A29 史学思维 A4 人文思维
AA2 直面管理实践	A1 以本土实践为研究对象 A2 界定管理实践 A5 以实践问题为研究对象 A9 界定问题 A14 以现代思想为研究对象	A38 理论与实践脱节 A20 优先框定问题 A6 架构实践与理论的机理 A37 创立中国术语
AA3 扎根传统文化	A12 以传统文化为研究对象 A19 传统文化概念化与理论化 A13 文化的情境调节	A27 核心哲学研究 A18 以中国哲学为研究对象
AA4 整合现有研究方法	A16 整合现有研究方法 A21 发展规范的定性方法	A22 提倡案例研究方法 A23 提倡扎根理论研究法
AA5 创新方法	A7 匹配方法	A15 创新方法
AA6 创建学术氛围	A30 改革学术评价与考核体系	A39 负责任的科学研究
AA7 研究者的连通	A31 学术社团整合 A32 跨层次的对话	A33 学术社区的建立 A34 个体学者的思索与成长
AA8 范式转换	A11 学科属性 A28 探索学科结构 A17 多元研究路径 A3 多元研究范式	A25 做理论贡献的研究 A26 创新导向 A24 转换研究范式
AA9 时空边界	A8 空间维度	A10 时间维度

资料来源:笔者整理编制。

三、选择式编码：构建核心范畴

选择式编码是三级编码过程的最后一个步骤，选取的编码决定了构建的理论或模型。选择式编码主要是对各个主范畴进行分析、集中和整理，挖掘出核心范畴，并探讨和验证核心范畴与主范畴以及其他范畴之间的逻辑关系。选择性编码通常采取用"故事线"形式的描述方法和策略来梳理和发现核心范畴，以获取构建研究框架模型的核心要素或模块。

围绕以上 9 个主范畴的性质和内涵进行深入对比分析，研究发现可以用"直面中国管理实践的中国管理研究与理论构建"这一核心范畴来统合其他所有的范畴。按照拉卡托斯的"硬核—保护带"理论，硬核是理论的理论，即某个理论是另一个理论的理论。本章的研究目的是构建能够指导、解释中国管理实践与现象的理论构建模型。因此，"直面中国管理实践的中国管理研究与理论构建"是硬核，其他范畴是能够保护这个理论顺利进行的保护带。本部分研究最终提炼出 5 大核心范畴，分别是多元研究思维范式、多元研究对象与路径、多元科学方法论与方法、二元时空研究边界、多元学术交流平台。核心范畴编码结果如表 5-4 所示。

表 5-4　选择式编码结果

核心范畴模块	主范畴	核心范畴内涵
多元研究思维范式	AA1 研究思维、AA8 范式转换	研究逻辑的框定
多元研究对象与路径	AA3 扎根传统文化、AA2 直面管理实践	研究客体（对象与问题）的选择
多元科学方法论与方法	AA4 整合现有研究方法、AA5 创新方法	研究方法的匹配
二元时空研究边界	AA9 时空边界	研究对象的范围
多元学术交流平台	AA6 创建学术氛围、AA7 研究者的连通	研究主体的交流与连接

资料来源：笔者整理编制。

围绕"直面中国管理实践的中国管理研究与理论构建"这一核心范畴的故事线可以概括为：在多元中国式研究思维范式指导下，通过基于直面管理实践和扎根传统文化的多元研究路径，并限定在空间维度和时间维度等研究边界下，整合现有研究方法、进一步规范定性研究方法和创新研究方法，加强创建学术交流平台连接学者个人、学术团队、学术社群和跨层次对话，最终完成中国管理理论的构建与理论体系的形成。

四、理论饱和度检验

通过扎根理论方法构建的理论或模型，必须要进行理论饱和度检验（焦樵，2019）[①]。只有经过理论饱和度检验才能确定构建的理论或模型是真实有效的。理论饱和度检验是指针对研究中构建的理论或模型做更深一步的观察，检查是否存在样本特征数据的遗漏、是否还存在能进一步发展的核心范畴。若不存在以上两个观察现象，则可以判断构建的理论或模型是趋于饱和的，即构建的理论或模型是可以最终定型的。否则，仍需要补充新的样本资料来进行编码补充。在本章的研究中，将分别从样本资料内和样本资料外两个方面，对构建的中国管理理论的核心要素进行理论饱和度检验。

首先，从样本内资料集的文献文本视角对选取的中国管理理论构建研究的核心范畴进行理论饱和度检验。一是从剔除的文献中按照被引频次选取前30篇文献进行归纳总结。二是基于对中国管理理论有关文献的回顾，前文数据收集中剔除了《管理学报》中的34篇学术会议的文献资料，本部分将其作为理论饱和度检验的评判标准之一。对从第1届到第10届的"中国·实践·管理"会议评述的10篇文献文本进行重点检查和归纳分析，因为这10篇会议文献是和研究主题高相关的文献资料，所包含的内容非常全面且具有权威性。通过对以上40篇文献资料进行归纳分析，没有发现中国管理理论构建框架和逻辑模型中新的重要范畴，而且在这些新文献资料的分析结果中也包含了以上核心范畴模型中的相关发现和总结。因此，通过理论模型的再次整合的过程可以得出，本章构建的中国管理研究与理论构建的核心范畴模型是可信的，基本上通过了理论上的饱和度检验。

其次，从样本外资料集的文献文本视角对构建的中国管理研究与理论构建的核心要素进行理论饱和度检验。本章研究构建理论模型的资料来源于中国知网数据库，为了能将抽取的资料补充得更全面，选取了"管理50人"微信公众号中的文献资料补充来检验理论饱和度。中国管理50人论坛是2017年由王方华教授发起创立的，"管理50人"微信公众号创建的宗旨是以探索管理学理论，特别是创新具有中国特色的管理学理论作为使命，以推动管理理论与中国企业管理实践相结合。"管理50人"微信公众号中推送的文章都是管理学界的知名学者发布的声音，与本章的研究主题高相关。因此，随机选择了其中20篇文章进行最终的内容分析和归纳总结。通过考察对比

[①] 焦樵.煤炭企业绿色低碳发展战略选择研究［D］.太原：山西财经大学，2019.

分析和归纳总结，也没有发现中国管理研究与理论构建的框架模型中新的重要范畴，而且在公众号中的文献材料的分析归纳结果中也包含了以上核心范畴模型中的相关发现和总结。因此，通过理论模型的再一次整合，可以判断构建的核心范畴模块是高度可信的，通过了理论的饱和度检验。

本章小结

本章研究以在中国知网数据库中的《管理世界》《管理学报》《经济管理》等 7 大管理学期刊为样本数据来源，以精选的 116 篇样本文献为研究对象。在扎根理论指导下进行三级编码分析，通过提取原始语句，概括提炼初始化概念、副范畴、主范畴和核心范畴，并另外选择样本内文献资料和样本外微信公众号资料进行理论饱和度检验。针对提取的 204 条原始语句或句段，通过开放性编码共得到 230 个现象标签，99 个初始概念，40 个副范畴；通过主轴式编码提炼了 9 个主范畴。通过故事线和拉卡托斯的科学研究纲领进行选择式编码的归纳与选取，最终提取了 5 个核心范畴。核心范畴分别是："多元研究思维范式"模块，包括研究思维和范式转换；"多元研究对象与路径"模块，包括直面管理实践和扎根传统文化；"多元科学方法论与方法"模块，包括整合现有研究方法和创新方法；"二元时空研究边界"模块，即时间维度和空间维度的研究边界；"多元学术交流平台"，包括研究者之间的连通和创建学术氛围。这五个核心范畴是中国管理研究与理论构建的研究框架模型的核心要素与模块，将在第六章中进行深入研究与阐述分析。

第六章 中国管理理论构建的研究框架模型分析

本章是在第五章的研究结论下进行的延续研究。基于扎根理论的三级编码方法论指导下，最终获取了230个初始概念、40个副范畴、9个主范畴和5个核心范畴。本章主要以5个核心范畴来推演构建"中国管理理论构建的研究框架模型（研究范式）"，并对研究框架模型中的"多元研究思维范式、多元研究对象与路径、二元时空研究边界、多元科学方法论与方法、多元学术交流平台"5个模块分别进行阐述与分析。

第一节 中国管理理论构建的研究框架模型

随着中国经济发展水平和层次的逐步提升，中国本土管理实践与现象也越发丰富和多样。如果继续借鉴西方主流的实证主义研究范式，将不利于管理理论的创新和实现服务中国管理实践的宗旨。在库恩看来，每一个科学家都是在特殊的理解框架中来接近世界，而这种框架就是范式。因此，范式落地就是研究框架，任何主题的研究都必须有框架，在框架指导下才能进行规范的研究，实现贡献理论和指导实践。因此，必须转换当前中国管理理论构建的研究范式，构建有指导作用的研究框架模型。

一、核心范畴之间的关系

通过扎根理论提炼的5个核心范畴是相互关联的，具有逻辑层次关系。可以从理论构建和理论体系形成两大部分来解析5个核心范畴之间的逻辑关系。

范式决定了科学的游戏规则和方法，思维决定了科学研究推导的逻辑与过程。如果缺乏思维范式，不去研究管理哲学和方法论，就不能参与国际范式标准的制定和发展，也就不会有话语权。尽管中国缺乏顶级期刊，但却不是最重要的影响因素和决定因素。关键性的决定因素是底层思维和范式思维，是思维范式的引领，而不是具体的理论和方法的差异。因此，"多元研究思维范式"是在整个范畴中起到统领和引领的作用，不但决定了中国管理研究的整体方向，也会影响其他范畴在大方向上的选择。多元学术交流平台是指研究学者交流与连通的方式与平台构成。因为理论化是一个过程，包括理论的构建、验证和完善等过程。多元学术交流平台是促进理论形成的重要研究主体和力量。"多元研究对象与路径""二元时空研究边界""多元科学方法论与方法"是直接关系到理论构建的模块因素，包含管理研究中管理对象、管理主体、管理客体和管理方法等核心因素。尽管研究内容与研究方法是紧密联系的，但界定研究问题必须优先于研究方法，即"问题先导"。选择正确的研究对象才能支撑思想与理论的有效发展和科学化。要根据研究内容来选择和规范研究范式，选择与研究问题相匹配的研究方法。选择的标准是能有效地解决问题，无论是量化的方法还是质性的研究，都是有效的研究方法。因此，只要选取了可行的研究路径，才能确定具有研究价值的研究对象和问题，方法论的规范性需要以确定研究主题为先。多元科学方法论与方法更像是一个中介，通过匹配的研究方法可以将研究对象和问题转换为概念和理论，指导实践、解释现象。研究边界是将整个研究置于一个大背景下，框定研究对象的范围。"多元学术交流平台"是指通过各种方式来连接研究主体，研究主体的多元连接和自由的学术平台是中国管理理论构建与理论体系形成不可或缺的推动力量。该模块与多元研究对象与路径和多元科学方法论与方法构成了管理研究中的研究对象、研究方法与研究主体 3 大重要核心要素。

二、研究框架模型

根据以上 5 大核心范畴之间的逻辑关系，以 5 大核心范畴为要素来构建中国管理理论开发与创新的研究框架模型，如图 6-1 所示。

该研究框架模型由"多元研究思维范式、多元研究对象与路径、多元科学方法论与方法、二元时空研究边界和多元学术交流平台"五要素构成，五者共同驱动着中国管理理论的构建。拉卡托斯的科学研究纲领本质上是理论的理论，基于"硬核—保护带"理论的指导，构建中国管理研究的逻辑框架模型。研究框架模型的"硬核"可以界定为"构建解释中国管理现象、指导中国管理实践的理论。"从而形成的保护带由 3 个部分构成：多元科学方法论与方法、多元研究对象与路径（范式）、二元时空研究边界。多元研究思维范式具有统领作用，是重要的影响因素，多元学术交流平台是理论构建的重要研究主体和推动力。模型中涵盖了研究主体（多元学术交流平台）、研究客体（多元研究对象与路径）、研究方法（多元科学方法论与方法）等管理研究的核心要素。

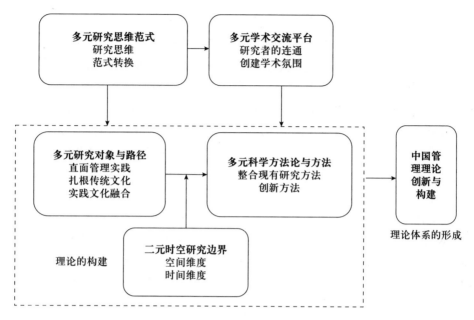

图 6-1　中国管理理论构建的研究框架模型

资料来源：笔者整理绘制。

　　多元研究思维范式，包括人文思维、科学思维、中庸思维、史学思维，体现了中国式思维的研究范式。多元研究对象与路径主要涵盖了以直面中国实践和扎根中国传统文化为主的研究范式。二元时空研究边界包括时间维度和空间维度两个部分，是对研究路径的调节与范围的限定。多元科学方法论与方法，包括了两部分内容，分别是整合现有研究方法和创新研究方法，整合现有研究方法主要包括规范定性研究方法和主流实证主义研究方法。多元学术交流平台的构建主要含有学术主体的多元连通方式和学术平台与氛围的构建。

三、研究思维范式

　　目前中国管理研究还处于引进西方理论的诠释阶段，没有实现范式转型，在理论构建研究上也未达成统一的研究范式。研究范式思维模块决定中国管理研究的思维和研究角度，是具有统领作用的底层思维，能够决定中国管理研究的发展方向。通过第五章的主轴式编码获得的研究思维范式模块内容主要包括人文思维、科学思维、中庸思维、史学思维，综合起来形成的是一个中国式的思维方式。

　　人文思维，或称人本主义范式。中国管理研究既要"顶天立地"，也要

"东西融合",更要"人文关怀"(李平等,2018)①。人文思维或人本主义范式,要求管理研究要坚持以人为本,也是做负责任研究的基础和要求(徐淑英,2016②)。在人文主义范式下,中国管理研究才能体现民主的学术自由意识,才能构建自由轻松的学术氛围。科学思维,或称科学主义范式。这里的科学思维是指新科学主义范式,区别于传统的实证主义范式,是指在中国管理研究中学者要端正学术态度,树立清晰的学术目标和学术精神。未来中国管理研究的方向不仅要从科学主义范式走向人本主义范式,两者都要兼顾,更要实现两者的融合。中庸思维是一个整合性的思维视角,中国人倡导的理念是求同存异、和而不同、和谐共生,这正是中庸的核心思想。因此,创新中国管理理论与改革研究范式的同时,中国管理学者还要辩证地接受和运用西方成熟的研究范式和研究方法。史学思维,或称历史编纂学思维。通过史学研究思维,可以同时发掘历史文化和制度中的显性知识和隐性知识(刘文瑞,2018)③。但史学思维却是被忽视了的社会科学研究方法,也很少在管理学研究中使用。管理学研究者应该更多地采纳历史性的研究方法,在一个长远的时间脉络里细致入微地刻画管理现象。即便是短暂的流行时尚,也会有其历史背景,更何况是管理中的制度与文化,更是有深厚的历史背景。

第二节　知识生产与理论构建的多元研究路径

多元研究路径(含研究对象)是构成中国管理研究与理论构建的核心模块之一。该模块包括直面中国管理实践和扎根于中国传统文化两个部分,即中国管理实践和中国传统文化都是中国管理研究的对象。实际上,接着中国管理实践讲和接着中国传统文化讲,这两条路径是当前学者们在呼吁构建中国管理理论研究中基本认可的研究路径。而且这两条路径是并列的关系,同时文化与实践之间又是可以相互转换和交融的,即"文化—实践双向融合"的研究范式。因此,基于管理实践与传统文化之间的逻辑关系,开展中国管理研究进行知识生产与理论构建的路径可以扩展延伸为多元研究路径。路径1是面向实践的研究路径,纯实践研究,称作"立地范式",以解释管理现象和指导管理实践为最终目标。路径2是只针对传统文化的研究路径,纯理论研究范式,通过挖掘中国传统文化与智慧,构建新概念和新理论,用来解释

① 李平,杨政银,陈春花.管理学术研究的"知行合一"之道融合德鲁克与马奇的独特之路[J].外国经济与管理,2018,40(12):28-45.

② 徐淑英.商学院的价值观和伦理:做负责任的科学[J].管理学季刊,2016(z1):1-23.

③ 刘文瑞.史学思维和管理研究[J].管理学报,2018,15(7):962-967.

和指导实践。路径 3 是在实践中梳理出文化特质或在解读文化内涵并嵌入企业实践，合并为文化—实践双向融合模式，或称为混合研究范式。因此，最终形成了基于中国实践和传统文化的"管理现象—管理问题"的实践导向范式、"中国文化—中国传统哲学"的研究范式、"文化与实践双向融合"的研究范式，即"2+1"。前面的"2"是指直面中国管理实践与扎根传统文化，后面的"1"是指实践与文化的融合。需要特别说明，"直面中国管理实践和扎根传统文化"理论构建范式，并不是要否定从理论和文献中寻找问题，也不排斥改造、改善西方的管理理论，同样还要与西方管理理论对话，要合理继承和批判发展西方管理理论。但因为与西方管理理论对话的路径已经是一个成熟的路径，本章研究中不再做探究。

一、直面实践导向的研究范式

综观西方经典的管理理论基本上都是源于对管理实践的关注和洞察，如泰罗制、组织行为学、领导理论和战略管理理论等都是在现实生活世界的实践基础上创建的（谢佩洪，2016）[①]。要想构建中国管理理论，最根本的出路就是要直面中国管理实践，让"直面实践"的中国管理研究范式成为一种"必然"（韩巍，2011）[②]。学者要从实践开始，去做面向真实问题和真实世界的实践研究。实现从实践到唯像、到框架，再到理论的升华，而实践又是检验真理的最终标准。按照第五章的编码分析结果，面向中国管理实践的研究范式的研究对象可以分为问题导向和现象驱动两个大类。通过管理现象和管理问题，开发现有的理论知识，探索新的理论知识，统称实践导向的中国管理研究。

要有直面管理实践问题的意识。科学研究始于问题（谢佩洪，2016）[③]，问题是科学研究的起点，问题是通往知识的最佳途径，问题是推动理论构建的最重要的关键，所有的理论构建活动都是从界定和形成研究问题开始的（姜红丙等，2016）[④]。管理理论的构建过程在于搭建研究问题的框架，并专注于某个问题，使复杂问题简单化。因此，理论构建中要以问题为导向，以

---

① 谢佩洪 . 基于中国传统文化与智慧的本土管理研究探析 [J]. 管理学报，2016，13（8）：1115-1124.

② 韩巍 . 管理研究认识论的探索基于"管理学在中国"专题论文的梳理及反思 [J]. 管理学报，2011，8（12）：1772-1781.

③ 谢佩洪 . 基于中国传统文化与智慧的本土管理研究探析 [J]. 管理学报，2016，13（8）：1115-1124.

④ 姜红丙，刘跃文，孙永洪，等 . 论证理论视角下的管理理论构建研究 [J]. 管理学报，2016，13（1）：7-17.

实践案例为基础，建立符合实际的理论原型（章凯等，2014）①，是问题导向的基本研究范式与路径。相比经济学，管理学研究比较分散，似乎缺乏对重大实践问题和理论的关注与研究。近年来，中国管理研究与理论创新中，普遍关注的是文化、制度和市场转型等情境下的问题。《管理学中的伟大思想》一书中介绍了新制度组织理论、利益相关者理论、资源依赖理论等，都是从重大管理问题导向出发而进行的理论创新。因此，中国管理研究也要注意问题的选择原则，以问题为导向的研究要关注中国管理实践和理论发展中的重大科学问题（徐淑英、吕力，2015）②。寻找正确的问题往往又是学术研究最难的部分（Marshall，1998）③。蒋东生（2018）④归纳总结出了三大类具有中国味道的重大研究问题，分别是中国民营企业行为问题、中国国有企业的效率问题和新经济、新技术带来的管理实践新现象和新问题。但中国实践中的问题远不止这些，需要管理学者持有负责任的学术精神去挖掘和分析这些重大问题，通过创新理论解释中国重大问题，从而做出中观理论甚至宏观理论的贡献。"直面中国管理实践"的研究强调要重点从管理实践中发现问题，但同时还需要与理论对话、与文化对话，并挖掘出有价值的研究问题。

　　要避免过度理论驱动的研究。好的理论与现象是相互促进而非排斥的，过度理论驱动的研究，导致新现象必须等待理论。没有理论指导，直接导致新现象中的研究问题不能被挖掘。根据西方100年的管理研究史，徐淑英（2012）⑤总结了管理研究和理论发展的三个步骤，即研究者注意到情境中某种有趣的现象、发展一个或多个理论解释这种现象和在情境中应用并完善理论，将理论解释为一种描述性的过程。因此，明确管理实践现象背后的意义，是管理研究中界定研究对象的前提（陈春花、马胜辉，2017）⑥，将实践的内在逻辑进行系统化的阐述，才能发展为理论（吕力，2012）⑦。另外，中

---

① 章凯，张庆红，罗文豪.选择中国管理研究发展道路的几个问题——以组织行为学研究为例［J］.管理学报，2014，11（10）：1411-1419.

② 徐淑英，吕力.中国本土管理研究的理论与实践问题：对徐淑英的访谈［J］.管理学报，2015，12（3）：313-321.

③ Marshall，I. Consilience：The Unity of Knowledge［J］. Journal of the Royal Society of Medicine，1998，92（2）：95.

④ 蒋东生.从差异性事实出发建构管理学的中国理论［J］.管理学季刊，2018，3（2）：19-23，145.

⑤ 徐淑英.求真之道，求美之路：徐淑英研究历程［M］.北京：北京大学出版社，2012：112-119.

⑥ 陈春花，马胜辉.中国本土管理研究路径探索——基于实践理论的视角［J］.管理世界，2017（11）：158-169.

⑦ 吕力.管理伦理原则、多元性及折衷：管理学"实践导向"中的伦理问题［J］.管理学报，2012，9（9）：1277-1283，1396.

国管理研究的发展要实施分步走战略，首先要解决管理理论脱离实践的问题，其次才是实现管理理论创新，赶超和引领管理实践的发展。

二、扎根中国传统文化和哲学的研究范式

管理是文化的产儿，文化也可以作为管理实践的一个解释性变量。目前成熟的西方管理理论基本上也都是基于文化假设背景或起源于文化的特殊性（陈春花等，2014）[①]。中国管理思想根植于中国社会组织和民族文化之中（郭重庆，2011）[②]，中国传统文化中的优秀思想滋养了中国历代优秀的管理者。中国文化中的高端思想不仅是"直面实践"的管理研究所必须面对的客观存在，更是其向前发展并取得成就的思想基础。通过弘扬传统文化，不断地扩展和升级中国传统智慧中的管理思想基础，才能促进中国管理实践的发展，从而获取和创新管理实践成果（赵良勇、齐善鸿，2016）[③]。思想是文化的一部分，哲学又是思想的内核。中国古代哲学也是中国传统文化的一部分，中国传统文化是中国古代哲学的基础，中国古代哲学对中国传统文化具有深远的影响。"中国传统文化—中国哲学"并不是本书第一次提出的概念（韩巍，2014）[④]。要促进中国本土管理理论的构建，就必须加强中国传统文化与哲学思想研究，从而促进中国传统文化、哲学思想与现代企业管理的结合（覃大嘉等，2018[⑤]；苏敬勤等，2018[⑥]）。大量的研究都是被理论构念或视角推动发展的，因此，通过传统文化研究，能推动开发我国传统文化和哲学思想中的理论知识，从而可以提出更多新概念或新构念，实现向世界管理理论贡献本土知识和理论成果。

1. 挖掘中国优秀传统文化与智慧

虽说智慧没有新旧之说，但中国传统文化中有很多智慧是越久越香和历久弥新的[⑦]。国内外的管理研究者应该凝聚中华文化的精华，归纳传统文化的

① 陈春花，宋一晓，曹洲涛.中国本土管理研究的回顾与展望［J］.管理学报，2014，11（3）：321–329.
② 郭重庆.中国管理学者该登场了［J］.管理学报，2011，8（12）：1733–1736，1747.
③ 赵良勇，齐善鸿.直面实践的管理研究与德鲁克之路［J］.管理学报，2016，13（11）：1606–1613.
④ 韩巍.哲学何以在场：中国本土管理研究的视角［J］.管理学报，2014，11（6）：781–787.
⑤ 覃大嘉，呼玲妍，刘人怀.转型升级背景下制造业人资管理实践与情感承诺：基于易学阴阳和谐视角［J］.管理评论，2018，30（11）：164–175.
⑥ 苏敬勤，张雁鸣，林菁菁.文化双融视角下中国本土企业管理创新机制——华立集团的案例研究［J］.经济管理，2018，40（1）：56–70.
⑦ 吕力.管理学研究的"精一"、"双融"和"经世致用"：对陈明哲的访谈［J］.管理学报，2016，13（1）：1–6.

精髓，发展成为有系统的理论体系。但当前学者们对中国自己传统文化与智慧的了解和掌握还不够，更不用谈如何灵活地运用和融合到企业管理实践中（谢佩洪，2016）①。中国具有类似于东方的集体主义、小农思想、中庸之道、差序格局等传统文化，这些丰富的历史资源和系统的哲学体系对企业的烙印深刻且广泛（杨治等，2019）②。特别注意的是，中国管理研究要注重中国传统文化导向，但不只是单纯地延续中国传统文化，而是要通过研究结论或成果帮助企业或组织达成管理目标和效率（吕力，2009）③。但遗憾的是在中国历史上，中国传统文化与思想是比较分散的，基本是诸子百家思想的争鸣与表达，没有归纳出规范和系统的理论知识与体系，更没有以学科形式记载与传承（戴国斌，2010）④。例如，中国传统古语中的"衣食足则知荣辱"，其实和西方马斯洛提出的五层次需求理论（生理需求、安全需求、归属与爱的需求、尊重需求与自我实现的需求）是相对应的。进行科学研究和构建理论的基础就是要将研究的对象先进行概念化，而理论化本质上是概念化的思维，无法实现概念化，就无法推进理论的构建（巩见刚等，2019）⑤。因此，要想真正地扎根于传统文化研究，只有先将传统文化中的思想与智慧实现概念化，才能真正有可能成为理论，促进传统文化与现代企业管理实践融合。

2. **探究中国传统哲学的核心领域**

中国传统文化是中国古代哲学的基础，中国古代哲学是中国传统文化的一部分，对中国传统文化具有深远的影响。中国传统文化和哲学思想中蕴藏着解决现实管理问题的方法论。

中国哲学中有许多研究内容与领域，如管理与人性的深层次关系，既是古老的命题，又是新颖的重大研究课题（胡国栋，2016）⑥。因为人性假设（假说）是任何一门社会学科的逻辑起点，从而才能构建学科的相关理论。如何在现代企业管理实践中真正做到"以人为本"，依然是当前学术界需要去攻破的理论难题。中国传统文化与哲学学派众多，不提倡对所有学派做详细的研究，也不能作为一个整体进行研究，而是要选择其中的代表学派和思

① 谢佩洪. 基于中国传统文化与智慧的本土管理研究探析［J］. 管理学报，2016，13（8）：1115-1124.
② 杨治，王砚羽，夏军. 中国管理研究的理论贡献［J］. 管理学季刊，2019，4（4）：15-28，152.
③ 吕力. "中国管理学"发展中的范式问题［J］. 管理学报，2009，6（8）：1008-1012.
④ 戴国斌. 中国管理学研究的人本主义范式［J］. 管理学报，2010，7（2）：171-176.
⑤ 巩见刚，高旭艳，孙岩. 本土管理学如何赓续中国传统文化——兼对已有思路的讨论［J］. 管理学报，2019，16（10）：1447-1456.
⑥ 胡国栋. 科学哲学视角下管理学的学科属性、理论拓展与范式整合［J］. 管理学报，2016，13（9）：1274-1285.

想重点研究。其中，"中庸""道""阴阳"作为中国传统哲学的核心可以作为一个重点研究领域和主题。另外，儒家思想是中国传统文化的主体部分，其核心思想"礼义仁智信"被广泛应用于当代企业管理实践中，是非常重要的研究领域和主题。因此，构建中国特色的管理理论可以主要围绕着"中庸""阴阳""道"和传统儒家文化分别展开。

三、实践与文化双向融合的研究范式

文化和管理之间的融合是一个老话题，本质上文化和实践并不是分离的，而是相互融合的。但当前在中国管理研究中文化和管理"两张皮"的问题和现象确实也很典型。关于传统文化与实践融合关系的研究，有学者认为是从文化到实践，通过提炼文化的内涵融入实践中；另一些学者认为应该是先研究实践，当在现有成熟理论中找不到能够合理解释实践的理论，可以从传统文化中寻找到相关的概念。两者是相互影响的，是用文化思想解释实践，还是从实践中总结归纳出文化思想，其实并不是一个矛盾体，而是研究起点与逻辑的不同。如图 6-2 所示，实践与文化双向融合的研究范式可以归纳为一个循环体。一种路径是从挖掘文化出发，解读文化具体的蕴含，然后将其嵌入企业实践；另一种路径是通过解读企业的管理模式，从中探索符合当前时代发展的一些基本特征，提炼企业实践中包含的中国古代哲学思想。

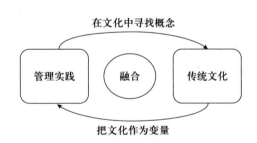

图 6-2　实践与文化双融合模式

资料来源：笔者整理绘制。

从文化到实践的路径。中国传统文化可以作为一个情境因素，嵌入中国的社会文化、中国人的行动逻辑和中国企业管理实践，要将传统文化作为研究假设，推进中国管理研究（吴照云、罗俊，2009）①。中国管理研究不仅要认同中国优秀传统文化，还要受中国管理实践的推进，要对现实问题进行呼

---

① 吴照云，罗俊.基于中国传统文化假设的情境化管理［J］.当代财经，2009（2）：63-67.

应，这样构建的理论才能避免仅是意识形态的问题。中国传统文化可以作为中国管理实践独特性的一个解释性变量（田志龙、王浩，2011）[①]。如华为、乐高等优秀企业应用阴阳思维不断进行创新，是典型的从文化到实践的融合范式，取得了商业的成功（谢佩洪，2016）[②]。陈春花从"水"隐喻理论视角提出的水样组织理论，也是从文化到实践的过程运用。即将中国古代的经营理念的精华，融入管理理论中，能够充实管理理论，更适应中国企业的管理实际和未来发展。乐国林和陈春花（2014）[③]进行了"和、变、用"管理思想与领先企业实践的探索性研究，论证了"和、变、用"管理思想在当代企业管理实践中可以被分享复制，具有实践性和实效性。

　　从实践到文化的路径。管理学的理论界从我国企业管理实践出发，将中华优秀传统文化、管理智慧和管理思想融入管理理论中，提出了诸多具有深厚中华文化底蕴的管理理论。管理是文化的产儿，管理实践更是文化渗透的一个过程，文化尤其会对企业价值观、组织制度和企业哲学等企业核心文化的形成与管理实践的创新产生重要的影响（田广等，2015）[④]。如"人单合一"理论，是由中国领先企业海尔集团提出的一种基于企业基业长青发展的管理模式，目标在于创造用户价值。海尔集团提出的"人单合一"管理模式重视人性、重视客户的需求、重视员工的创造力，认为人是一切行为的目的，人不再是工具，人的价值得到充分发挥，体现了"以人为本"的价值内涵。张瑞敏创造的"人单合一"管理思想，不仅契合了中国传统思想，而且颠覆了经典理论，是结合了中国传统文化的特色管理理论。王方华（2018）[⑤]认为，"人单合一"的新管理实践和管理模式和当年日本的"精益生产"管理模式一样，会带来管理理论的创新，海尔制管理模式将引领世界管理思想和理论的发展。除海尔制模式以外，还有华为等中国成功企业的案例实践，都独具特色，重视"心"和"人"层面的作用，都能印证中国传统文化中的中庸之道内涵。

　　总之，中国管理研究一方面要扎根企业，观察企业管理实践，发现领先

---

① 田志龙，王浩.中国管理实践研究的路径［J］.管理学报，2011，8（2）：159-163，178.

② 谢佩洪.基于中国传统文化与智慧的本土管理研究探析［J］.管理学报，2016，13（8）：1115-1124.

③ 乐国林，陈春花."和、变、用"管理思想与领先企业实践的探索性研究［J］.管理学报，2014，11（7）：944-952.

④ 田广，刘瑜，汪一帆.质性研究与管理学科建设：基于工商人类学的思考［J］.管理学报，2015，12（1）：1-10.

⑤ 王方华.立足"人单合一"管理创新，推进中国管理理论探索——访谈海尔集团张瑞敏先生观点内容摘编［J］.管理学报，2018，15（6）：814-817.

企业或新型企业创建了哪些当前管理理论无法解释的管理创新；辨识和认同新现象，推进理论跟上快速发展的实践。另一方面要回到中国传统经典中，研究中国传统文化和管理思想史，汲取思想智慧，将其概念化和理论化，才能让传统文化中优秀智慧与思想得到更好的发挥。

第三节　时间—空间的二元研究边界

二元时空研究边界模块主要包括时间维度、空间维度以及时空维度的延伸三个部分，是对多元研究路径中研究对象与范围的界定。

一、时间维度的研究边界

时间维度的研究，是指从古到今，关注的是具有中国特色问题研究，用中国传统文化思想解释中国特有的现象，实现传统文化与现代管理的融合（齐善鸿等，2018）[①]。时间维度的研究体现的是与西方管理理论的差异性、对中国传统文化的传承性。由于时代的进步，中国经济的发展带动企业的成功实践和成长，问题也越来越多，是中国管理研究的重点领域和主流内容。该维度的中国管理研究与理论构建，要重点关注中国企业成长问题、中国企业的成功实践，以及企业家精神与思想。尽管西方管理科学体系已经很成熟了，但还是无法解释一些中国特有的企业管理现象和实践以及对中国企业成长、管理有着独特意义的现象。这种情况下就需要强调用中国独特的历史、本土文化和传统来解释这些困惑，如中国企业管理实践中的人际关系的处理（Liang et al.，2018）[②]。当然，基于以上主题的研究成果将专注于只适用于中国情境下的管理方法与法则，研究成果理论和价值也可能是在中国范围内实现一般管理原理，实现构建中国管理科学的整体普世格局下的部分特色框架。中国管理研究在理论构建过程中不能"厚古薄今"或"亲今弃古"，要做到"古今兼顾"。一方面要解读当前 VUCA 新时代背景下的中国管理实践和管理思想，另一方面必须去挖掘历史上的中国管理实践及实践下蕴含的管理思想和一般规律（王绪琨、宋刚，2013）[③]。

[①] 齐善鸿，李宽，孙继哲. 传统文化与现代管理融合探究［J］. 管理学报，2018，15（5）：633–642.

[②] Liang, X., Wu, S., Zhang, S. From Friendship to Family：Jiangyiqi and Strong Interpersonal Relationship Development in Chinese Organizations［J］. Management & Organization Review，2018（2）：1–29.

[③] 王绪琨，宋刚. 关于中国管理学科发展对策的思考［J］. 管理学报，2013，10（8）：1093–1099, 1127.

二、空间维度的研究边界

空间维度的研究，是指由内而外，关注的是中国重要和独特问题的研究。一些管理实践可能在某个区域或行业盛行，但有一些实践却比较少见，无法实现共享。中国管理研究既要突破仅限于中国管理实践的研究，又要实现从中国到世界的一般性管理原理的研究（段明明，2011）[①]。基于中国企业管理实践的研究，不局限于只是研究中国情境下的管理实践，其研究结果要延伸到西方情境下并进行普适化理论的探讨、验证、修正和完善，同样被西方管理学界接受和传播。如"家长式领导理论"，最初被国外学者认为是华人情境下的特有现象。家长式领导理论在中国情境下具有高解释性和高适用性，已经形成了很多普适化的研究成果和理论。如果在西方组织中也存在家长式领导角色，并且中国家长式领导的研究结果和理论能够对于西方家长式领导的研究提供指导和借鉴价值，或者说能在我国情境下的家长式领导的研究结果和理论基础上进行发展创新更具通用性的领导理论，进而就会实现最高的普适性效果，达到中国管理科学的普适化最高境界。

三、时间—空间研究边界的延伸

1. 时间下的层次维度研究

时间下的层次维度研究是基于传统文化的系统研究，可以归纳为从个人到企业到社会的研究维度：自我管理、家族管理、经营管理、军事管理和国家管理。追求提升人的素质，这是中国管理思想的特色，也是中国古代儒家管理思想中所说的"修身"思想的主要内容。追求构建和优化群体的秩序，这是中国古代管理思想的核心内容，也是中国古代儒家管理思想中所说的"齐家、治国、平天下"思想的主要内容。这五个方面的内容具有一种由内向外不断拓展的逻辑性，即以自我为核心，管理者首先进行自我管理，实现自我管理，提升自我的素质，然后向外拓展，对家庭和家族进行管理。实现对家庭家族的管理，再向外拓展，才能进一步为实现经营管理、国家和社会管理打好基础。只有实现了组织内部的经营管理、国家和社会管理，才能有参与激烈的外部竞争的基础。

2. 空间下的内容维度研究

空间下的内容维度研究，主要是对管理职能维度的延伸研究，实现的是新时代环境背景下产生的新组织形态现象的解释。传统的中国管理研究内容

---

① 段明明."直面中国管理实践"需要跨文化比较研究 [J]. 管理学报，2011，8（8）：1115–1121.

维度主要是围绕着企业的整个生产过程，或从管理职能作为出发点和视角进行研究。当前中国提出的供给侧结构性改革、"一带一路"等经济发展政策，新时代中国企业管理的内外部环境的变化，企业管理不断进行改革与创新（刘迫等，2018）[①]，中国企业形态和结构不断地演进。企业发展及其管理创新要跟上新时代的发展，就必须不断地创新。海尔制管理模式就是突破传统职能，形成了从"产品、服务、战略"等区别于传统职能的创新管理方式方法和模式（李海舰等，2018）[②]。像企业生态体系、水样组织的出现，也要求管理者从管理职能角度去研究中国管理科学时要传承，更要创新组织职能和组织形态的理论研究，得出新组织理论和新的管理模式等。因此，进入新时代后，中国管理学者要突破传统职能视角去深入研究，这也是未来中国管理研究应该关注的重点。

第四节　整合与创新方法的多元科学方法论

多元科学方法论与方法模块包括整合现有研究方法和创新研究方法两部分内容。管理研究方法论是进行管理学科研究工作的原则、途径和过程（李怀祖，2004）[③]，方法是理论构建不可缺少的重要工具（Weick，1995）[④]。中国管理研究一直都很关注和重视研究方法和方法论的讨论和构建。理论与方法均是理论知识传播的重要途径（谭力文等，2016）[⑤]，共同促进管理学科的知识创造、积累与传播。方法论与方法的区别：方法论是谈方法，通过方法论来获得整合与匹配的方法或者实现方法的方法，方法论是获得方法的方法，方法是研究过程中揭示事物内在规律的工具和手段。通过第五章的编码分析结果表明，中国管理学者在进行中国管理研究要基于具体研究的实际问题，积极尝试多元科学方法论。韩巍（2011）[⑥]就明确指出基于"直面中国管理实践—解决中国问题"研究视角下，采用多元科学方法论与方法已经是学术界的一种共识。

[①] 刘迫，张志菲，姜海云."一带一路"建设与中国企业管理国际化——中国企业管理研究会 2017 年会学术观点综述［J］.经济管理，2018（3）：196–208.

[②] 李海舰，李文杰，李然.新时代中国企业管理创新研究——以海尔制管理模式为例［J］.经济管理，2018（7）：5–19.

[③] 李怀祖.管理学研究方法论［M］.西安：西安交通大学出版社，2004：71–73.

[④] Weick, E. K. What Theory is Not, Theorizing Is［J］. Administrative Science Quarterly, 1995, 40（3）：385–390.

[⑤] 谭力文，赵瑞，曹祖毅，等.21 世纪以来中国组织与管理研究方法的演进与发展趋势［J］.管理学报，2016，13（9）：1263–1273.

[⑥] 韩巍.论"实证研究神塔"的倒掉［J］.管理学报，2011，8（7）：980–989.

一、整合现有研究方法

管理是一种实践，管理研究同样也是一种实践活动。研究对象会因管理实践变化而产生新的问题。管理研究要注重研究问题、理论和研究方法的契合，需要针对不同的研究对象与内容科学匹配与之有效的研究方法。

1. 多元科学方法论

国内管理学者构建理论最常用的研究方法主要包括社会科学研究领域规范的定量研究方法和定性研究方法，以及哲学思辨式的研究方法（田志龙、陈丽玲，2019）[①]。通常会采用定性研究方法来构建理论，再运用定量研究方法实现验证和完善理论。在研究方法的运用中，依旧存在研究方法与研究问题匹配不足的现象。第一，出现了偏重单一研究方法的使用。贾旭东和谭新辉（2010）[②]通过分析发现，受西方主流实证研究范式的影响，当前中国管理研究方法比较偏重于定量研究方法的运用，忽视定性研究方法的使用。第二，忽略了不同的研究问题需要相应的研究方法。如果想要专注于开发与构建新理论，就要尽快地转型传统的实证研究范式，呼吁更多归纳或者溯因的方法论的训练。经济与管理领域的中文顶级期刊《管理世界》与《经济管理》分别于 2020 年 3 月 25 日和 3 月 26 日发布"亟须纠正学术研究和论文写作中的'数学化''模型化'等不良倾向"的学术呼吁。第三，常常只是强调某种研究方法的运用，而忽略了研究方法的规范使用。因此，学界需要重新梳理社会科学中经典的质性研究方法，并规范化地运用。

综上所述，学者在构建中国管理理论的科学研究中，要保持对研究方法权变性和开放性原则，让方法支撑理论的创新与发展，根据理论原型和研究问题选择合适的研究方法（Daft and Lewin，2008[③]；罗文豪、章凯，2018）[④]。可见，中国管理理论的构建在一定程度上依赖于研究者对研究方法的认识与掌握。学者需要明确统计分析、案例研究、扎根理论、田野调查、系统动力学等不同方法背后的因果关系，在倡导研究方法的多样化原则下进行权变选

① 田志龙，陈丽玲 . 中国管理学研究向何处去——"中国管理 50 人"论坛（2018 年秋季）会议述评［J］. 管理学报，2019，16（2）：180-183.

② 贾旭东，谭新辉 . 经典扎根理论及其精神对中国管理研究的现实价值［J］. 管理学报，2010，7（5）：656-665.

③ Daft，R.L.，Lewin，A.Y. Rigor and Relevance in Organization Studies：Idea Migration and Academic Journal Evolution［J］. SSRN Electronic Journal，2008（19）：177-183.

④ 罗文豪，章凯 . 源头创新与中国管理研究的未来发展取向［J］. 学术研究，2018（4）：88-97，178.

择，结合不同的研究问题匹配相适应的研究方法（谢佩洪、魏农建，2012）①。

2. 发展规范的定性研究

在选择采用哪种研究方法来构建中国管理理论，学者们一致的意见是提倡采用归纳的研究方法。根据华莱士模型，归纳的研究方法包含了定量和定性两种研究方法，注重基于访谈、观察和实验发现等事实数据的收集与归纳，目的是提炼事实数据之间的抽象概念和关联逻辑系统（谢佩洪，2016）②。中国管理研究国际学会也开展了针对扎根理论或基于现象的质性研究方法的探讨（张静等，2016）③。尤其是当前中国管理研究还处于理论构建的初期阶段，采用定性研究方法来提炼现象中的抽象概念和理论最适宜（徐淑英、刘忠明，2004）④。苏敬勤和崔淼（2009）⑤以三家企业的管理实践为研究对象，采用比较案例研究法来探索中国管理企业创新的形成机理，同时也进一步论证了案例研究与扎根理论研究以及两者的结合是当前最有效的理论构建的探索性研究方法。实际上很多管理研究都是客观而非演绎的，案例研究与扎根理论就属于"非假设—检验型"的研究范式。根据当前中国管理研究的特质，构建理论也应该更偏重于归纳而不是演绎。综上分析，随着中国特色的管理实践创新的不断涌现，案例研究方法和扎根理论等探索性研究方法获得了国内学者的广泛关注，推进了中国管理研究主流方法的范式转换。除了以上两个主流的定性研究外，还有历史分析、比较分析、田野研究、企业史研究、事件史分析等质性的研究方法也应该被学者广泛关注和规范使用。

3. 辩证批判地使用实证研究方法

本书提倡要整合研究方法与创新研究方法，但不是要放弃目前的主流实证研究范式，而是要辩证批判地使用，要突破"唯实证研究方法论"。韩巍和赵向阳（2017）⑥的非科学性的诠释路径，就说明了管理学研究需要走向真正的多元科学研究范式。理论建构过程与理论验证通常分别采用定性研究

---

① 谢佩洪，魏农建. 中国管理学派本土研究的路径探索［J］. 管理学报，2012，9（9）：1255-1262.
② 谢佩洪. 基于中国传统文化与智慧的本土管理研究探析［J］. 管理学报，2016，13（8）：1115-1124.
③ 张静，罗文豪，宋继文，等. 中国管理研究国际化的演进与展望——中国管理研究国际学会（IACMR）的发展范例与社群构建［J］. 管理学报，2016，13（7）：947-957.
④ 徐淑英，刘忠明. 中国企业管理的前沿研究［M］. 北京：北京大学出版社，2004：34-37.
⑤ 苏敬勤，崔淼. 基于适配理论的中国特色管理理论的研究框架：创新视角［J］. 管理学报，2009，6（7）：853-860.
⑥ 韩巍，赵向阳. "非科学性"让管理研究变得更好"蔡玉麟质疑"继续中［J］. 管理学报，2017，14（2）：185-195.

方法和定量研究方法（秦宇等，2014）[①]，强调用定性研究建构理论，但也不能忽视定量研究的作用，需要建设性地发展理论而不是对既有主导范式的防御。因此，定性与定量的方法的综合运用应该值得鼓励，而不是质疑，只简单认可其一或使用其一。本质上研究方法的选择最终还是由所关注的研究问题决定，问题与方法要保持一致。

二、创新研究方法

国内学者在创新理论的研究方法的研究也甚勤，王立和孙乃纪（2012）[②]在认同中国本土管理概念的发现和理论构建的同时，认为当前更重要的是要发掘与创新中国本土管理学的研究方法，要创新与追求更多适合工商管理研究的科学方法论创新，并在分析已有的实验法、调查研究法、文献研究法等方法不足的基础上，提出了镜像组织研究法。田广等（2015）[③]在主流质性研究方法的梳理基础上，提出工商人类学方法论，丰富了管理研究方法。基于文化因素挖掘的理论还很难被还原甚至不能被还原，因此在管理理论研究领域有必要主张包括诠释研究方法在内的多元化研究方法。如哲学思辨类的特质管理方法，已经被学者发展为专门用于研究与分析中国文化和智慧思想的一种管理研究方法和分析工具（钟尉，2007[④]；刘建兰，2014[⑤]；梁丽华，2019[⑥]）。

第五节　推进理论发展的多元学术交流平台

多元学术交流平台的模块主要包括研究主体的多元连通和学术氛围的构建两部分，体现的是从微观到中观，再到宏观的连通。

一、学术研究主体的多元化连通

只有经历创造过程、阐释过程以及验证过程，论证所构建的理论能够

---

① 秦宇，李彬，郭为.对我国管理研究中情境化理论建构的思考［J］.管理学报，2014，11（11）：1581–1590.

② 王立，孙乃纪.镜像组织研究法一种本土管理学研究资源的开发思路［J］.管理学报，2012，9（9）：1263–1267.

③ 田广，刘瑜，汪一帆.质性研究与管理学科建设：基于工商人类学的思考［J］.管理学报，2015，12（1）：1–10.

④ 钟尉.先秦兵家思想战略管理特质研究［D］.南京：河海大学，2007.

⑤ 刘建兰.《司马法》伦理管理思想研究［D］.南昌：江西财经大学，2014.

⑥ 梁丽华.先秦时期经营管理思想体系研究［D］.南昌：江西财经大学，2019.

解释所研究的问题，才能算是完整的理论构建（井润田、卢芳妹，2012）[①]。所以，一旦新理论被开发出来，未来的理论发展工作将涉及理论的完善和拓展。谁来推进理论的形成、完善与拓展？又如何推进？蔡玉麟（2016）[②]指出，中国管理研究要建立拥有正确价值观和具有能解决管理实践问题能力的研究队伍，要构建一个共同参与性的研究，要加强学术共同体的建设。若只是个体学者单枪匹马有时很难完成理论构建，只有建立学术共同体才能真正地推动中国管理研究与理论构建，推进国际化发展（井润田等，2020）[③]。学术共同体强调研究学者之间要加强连通、交流与分享。连通的方式有：个体学者的思索、学术团体的整合、学术社群的辩证和跨层次对话，实现的是从一个零星研究到整合研究，再到系统研究的过程。个体学者的思索，主要是从自己熟悉的组织生活中去构建更有解释力的本土管理理论。中国管理学一定要有众多密切接触经验并能深入对话的学术团队。学术团体的整合，是在术业有专攻的前提下，发展集体学术。在构建学术团队的基础上发展辩证的学术社群。学术社群主要包括从微观的科研个体，到各类理论成果交流和传播的专业协会、学术会议和学术期刊，再到承载教学交流的各学校的管理学院或者商学院。以上学术社群内的各研究主体明确自己的职责并相互协同配合，能对推动中国管理研究的本土化和国际化发展起到很关键的推动作用（张静等，2016）[④]。通过第三章第四节的分析，目前中国管理理论构建的研究社群之间的沟通、链接和协作还不够完善，仍然处在发展与成长过程中。未来要推进中国管理理论的国际化进程，实现普适化，必须依托中国管理研究各学术社群的发展与成熟。最后要实现跨层次对话，要跨越专业的局限性，突破固有的学术研究圈，与相关学者进行有机的连通与联合。黄光国等（2014）[⑤]就提出，在中国学术界要建立严肃的对话机制，尤其是跨专业对话非常重要、意义重大。

① 井润田，卢芳妹.中国管理理论的本土研究：内涵、挑战与策略［J］.管理学报，2012，9（11）：1569-1576.
② 蔡玉麟.也谈中国管理研究国际化和管理理论创新——向张静、罗文豪、宋继文、黄丹英请教［J］.管理学报，2016，13（8）：1135-1149.
③ 井润田，程生强，袁丹瑶.本土管理研究何以重要？对质疑观点的回应及对未来研究的建议［J］.外国经济与管理，2020，42（8）：3-16.
④ 张静，罗文豪，宋继文，等.中国管理研究国际化的演进与展望——中国管理研究国际学会（IACMR）的发展范例与社群构建［J］.管理学报，2016，13（7）：947-957.
⑤ 黄光国，罗家德，吕力.中国本土管理研究的几个关键问题——对黄光国、罗家德的访谈［J］.管理学报，2014，11（10）：1436-1444.

二、建设自由和轻松的学术氛围

学术研究活动除了受社会文化环境影响外，学术环境也是至关重要的影响因素（许德音，2017）[1]。一是要改革学术评价体系，构建自由和轻松的学术氛围和科研交流平台。国内科研机构或学校的"唯论文论""唯A（刊）""唯SCI""唯SSCI"的科研评价体系下给研究者比较大的压力，不仅会导致学者对学术研究不感兴趣，而且会导致学术导向出现偏差现象（秦宇等，2014）[2]。尤其是在国际SSCI刊物上发表文章，获得西方主流学界的认同，成了科研时尚和科研目的。主流的演绎范式具有一定的局限性，重点强调开发知识，但缺乏探索知识。只有合理的学术激励机制和自由、轻松的学术氛围，才是管理研究的有力保障，才是扭转管理理论与实践脱节问题的关键。二是要在国内打造一批优质学术期刊，提升国际竞争力，助力"双一流"建设。学术研究的目的，不单是为了发文章，而且要增加知识积累和价值贡献，最终目的是积极地指导和创新管理实践。因此，要积极改革与建立科学的学术评价体系，打造优质的学术期刊，各科研机构营造良好的科研创新环境，才能促进科研发展与理论创新。

本章小结

本章以第五章基于扎根理论提炼的五个核心范畴为基础，通过层级式整理与分析，构建了中国管理理论构建的研究框架模型。

第一，五大核心要素范畴之间是层级递进关系。中国管理理论构建是在多元研究思维范式下进行的。界定好研究对象与路径是首要任务，框定研究问题优先于研究方法。时空二维的研究边界是对研究路径范围的限定。多元科学方法论与方法相当于是中介指标，选择科学匹配的方法论与方法，才能将实践经验和传统文化中的管理思想和智慧概念化和理论化。研究主体与学术平台是科学研究和理论系统的形成、完善的主要推动力。

第二，研究框架模型是以"直面中国管理实践的理论构建"为故事线，以多元研究思维范式、多元研究路径、二元时空研究边界、多元科学方法论与方法和多元学术交流平台为核心范畴，涵盖了研究主体、研究客体和研究

① 许德音.普适理论、中国情景与管理实践［J］.管理学季刊，2017，2（3）：164-169，174.
② 秦宇，李彬，郭为.对我国管理研究中情境化理论建构的思考［J］.管理学报，2014，11（11）：1581-1590.

方法等理论构建的核心要素。

　　第三，研究框架中的各模块的具体内容分析。多元研究思维范式，主要包括科学思维、人文思维、中庸思维、史学思维，体现的是严谨性与相关性，整合性与历史性相结合的中国式研究思维。多元研究路径是进行知识生产与理论构建的重要途径，基于文化—实践的 2+1 研究路径，即直面实践导向、扎根传统文化、实践与文化融合的研究范式，但并不排除与西方理论对话。二元时空研究边界主要是从空间维度和时间维度对研究路径进行界定，并在时间维度边界和空间维度边界分别进行了职能延伸和层次延伸。多元科学方法论与方法包括整合现有的研究方法和创新研究方法，辩证地使用实证研究方法，发展以案例研究方法和扎根理论方法为主的定性研究方法。

第七章　研究结论与未来展望

　　构建与创新中国管理理论意义重大，一方面，通过构建新理论有效解释和指导 VUCA 新时代的中国管理实践，弥合管理理论与管理实践之间的鸿沟；另一方面，通过构建新理论，在国际学术上增强话语权和提升影响力，可以帮助推进实现"四个自信"，尤其是文化自信与理论自信。本书在"演进脉络—重构概念—评判维度—研究框架模型"的分析框架下，主要进行了三个主题研究，旨在探讨中国管理理论的构建范式。本章将对中国管理研究与理论构建的演进脉络、概念内涵、评判维度、研究框架模型等研究内容和研究过程进行总结，并依据研究结果提出进行中国管理理论有效构建的管理启示与发展策略。

第一节　研究结论

　　通过研究分析发现，尽管从开创东方管理学的本土管理研究起，几十年来管理学界致力于中国管理研究，形成了比较丰富的中国管理研究成果，但也存在很多问题。如分支理论研究领域没有大理论和大创新的出现，系统知识和理论体系的积累也欠缺（章凯等，2014）[①]；范式理论研究领域始终没有形成清晰的理论研究框架、统一的研究范式（高良谋、高静美，2011）[②]。中国管理研究与理论构建中要面临的问题非常严峻和极具挑战，但挑战也孕育着有更好的机遇来创新和构建中国管理理论。

　　首先分别从 VUCA 新时代的实践发展、"顶天立地"的学术责任和"徐淑英难题"理论的再反思以及学科本土化运动浪潮论述了本书的研究背景，结合文献综述阐释和界定了理论、理论构建和管理学科属性等相关概念。在库恩的范式理论、拉卡托斯的科学研究纲领等理论基础上，遵循"问题—分析"逻辑层次，构建本书"演进脉络—概念重构—评判维度—研究框架模

---

① 章凯，张庆红，罗文豪.选择中国管理研究发展道路的几个问题——以组织行为学研究为例 [J].管理学报，2014，11（10）：1411-1419.

② 高良谋，高静美.管理学的价值性困境回顾、争鸣与评论 [J].管理世界，2011（1）：145-167.

型"的分析框架。本书研究以中国管理研究的演进脉络为切入视角，以重构概念和评判维度为推进，以构建中国管理理论的研究范式与框架模型为研究目的，始终坚持直面中国管理实践为研究导向，通过运用知识图谱、内容分析法和扎根理论三种文献文本分析方法展开了深入的研究，得出以下结论：

第一，中国管理研究成果中的分支理论不成熟、范式理论不统一。以CSSCI 数据库中的 1998~2019 年收录的关于中国管理理论的 561 篇施引文献和 7108 篇被引文献的大样本数据作为研究对象，以 CiteSpace V 软件为分析工具。基于知识图谱理论方法的指导，结合了战略坐标图法，分别对中国管理理论的知识基础、研究热点、主题分布、研究前沿的演进脉络以及主流学术群体和核心作者等进行了可视化分析与研究。从中国管理理论的研究知识基础考察，被引文献基本上都是国内的重要文献，大多数是从管理哲学和传统文化视角展开的，从而进一步论证了中国管理理论存在的合理性。其中，郭重庆的《管理学界的社会责任与历史使命》一文引起广大管理学者的共鸣，极大地推动了向"直面管理实践"的研究范式转型。从研究热点可视化的分析，学界围绕着"不确定性、人性假设、特色管理理论、管理学的学科属性、管理哲学与是否存在中国管理理论、如何构建中国管理理论"六大研究主题进行了探讨与争鸣。结合运用战略坐标图法分析了中国管理研究热点之间的演变关系，研究结论表明中国管理理论体系不成熟、不完善，还是一种意识形态。应用知识图谱理论，通过演进脉络分析，结果表明当前中国管理研究应从关注分支理论的构建转变为范式理论的构建，才能积累中国管理研究的理论成果。因此，如何进行中国管理研究是热点领域。但遗憾的是当前中国管理研究在概念上不规范、不统一，也并没有形成一个广泛认可的研究视角和研究范式。从战略坐标图主题分布和突现词分析的研究前沿上可以探寻到，重构中国管理研究概念和构建中国管理理论的构建范式与研究框架模型是当前和未来中国管理研究重要的任务。从主流学术群体和核心代表作者指标上分析，当前中国管理理论的研究力量还并不成熟。根据普斯定律标准，目前还没有形成稳定的核心作者群和核心研究团队。

第二，中国管理理论的意义在于"中国"二字。通过系统梳理概念的演变过程，从时间序列上分析，中国管理研究的概念基本形成了从"东方管理学""中国式管理"发展到"中国管理学""管理学在中国"，再到"中国的管理理论""中国本土管理研究 / 理论"的演变与共存。在众多的概念中，"中国本土管理理论"和"中国管理理论"两个概念最受学者认可和广泛使用。本书通过知网数据库自动生成的指数指标的对比分析，最终选取了"中国管理理论"来作为统一的概念命名，解决当前学术界概念命名提法众多和不规范、不统一的局面。再运用内容分析法，以20篇文献中的关于中国管理研究的概念定义为研究对象，通过分词、类目提取，共获得了五个较高的认同度类目指标"扎根于中国管理实践研究""解释和指导中国管理实践""构建原创理论""采用中国的逻辑思维""以中国文化为根基"。根据核心类目将中国管理理论概念定义为：以中国文化为根基，直面中国管理实践，采用中国特有的逻辑框架构建的管理理论（包括理论知识和管理研究成果），旨在有效地解决中国管理面临的问题，更好地解释和指导中国管理实践。结合"中国故事、中国语言、国际故事、国际语言"2×2的演化逻辑关系，探讨了中国管理研究的延伸与未来发展。研究结论揭示中国管理理论的意义在于"中国"二字，当前的中国管理研究或中国管理理论是指在中国这个空间里研究和发表的管理理论（管理研究成果），以中国文化为背景，用中国语言讲中国故事，形成中国味道的理论，并非指具有中国特色的管理理论，也非指管理理论在中国。在概念基础上提炼了中国管理理论的"中国空间、中国语言、中国故事、中国文化"四个判断特征维度。

第三，中国管理理论的构建要采用多元研究范式，需要多方研究主体共同努力。基于扎根理论方法的指导，以大样本科技文献文本为研究对象载体，通过在《管理世界》《管理学报》等期刊上精选出116篇样本文献，并在文献文本中提炼了204条原始语句或句段进行编码，通过分析、对比最终共提炼了230个现象标签，99个初始概念、40个副范畴、9个主范畴和5个核心范畴，分别选择样本内文献资料和样本外微信公众号资料进行理论饱和度检验。通过故事线和拉卡托斯的硬核—保护带理论指导提炼的5个核心范畴分别是："多元研究思维范式"模块，包括研究思维和范式转换；"多元研究对象与路径"模块，包括直面管理实践和扎根传统文化；"多元科学方法论与方法"模块，包括整合现有研究方法和创新方法；"二元时空研究边界"模块，即时空维度；"多元学术交流平台"模块，包括创建学术氛围和学术研究主体的连通。以这5个核心范畴为基础，构建了"中国管理理论研究与理论构建的研究框架模型"。中国管理研究与理论建构的研究框架模型是以"直面中国管理实践的理论构建"为故事线，由多元研究思维范式、多元研究对象与路径、二元时空研究边界、多元科学方法论与方法和多元学术交流平台为核心要素模块组成的。

多元研究思维范式，包括人文思维、科学思维、中庸思维、史学思维，综合体现了中国式思维的研究范式。多元研究对象与路径主要涵盖了直面中国实践和扎根中国传统文化的研究范式，以及两者融合的研究范式。二元时空研究边界包括了时间维度和空间维度两个部分，是对研究路径下研究对象的一个界定范围。多元科学方法论与方法包括了两部分内容：整合现有研究方法和创新研究方法，整合现有研究方法主要包括规范定性研究方法和辩证地使用实证主义研究方法。多元学术交流平台的构建主要含有宏观的学术氛围的构建，以及从微观到中观的学者之间的连通及交流方式。五大核心要素模块之间是层级递进关系，首先是在中国式多元研究思维范式下进行研究，框定研究问题优先于研究方法。界定好研究对象与路径是首要任务，而时空二维的研究边界更像是对研究路径一个调节指标，界定了研究对象的具体范围。多元的科学方法论与方法相当于是中介指标，只有选择匹配研究问题的方法才能实现实践、经验和文化等概念化和理论化。研究主体与学术平台是科学研究和理论系统的形成、完善的主要推动力。

第二节 理论贡献与管理启示

一、理论贡献

基于内容分析法和扎根理论，本书统一了中国管理研究的概念名称及内涵，构建了中国管理理论构建的研究框架模型，该研究框架模型涵盖了研究主体、研究客体（问题）、研究方法等为一体的管理研究要素。以上的研究结论能够为管理研学界和学者提供一个更清晰的指导纲领，主要的理论贡献如下：

第一，将内容分析法运用到中国管理理论概念研究领域。一方面丰富了内容分析法在关于概念名称领域的研究。另一方面通过对比分析将"中国管理理论"作为中国管理研究的统一概念名称，基于内容分析法重构了概念内涵。基于概念内涵延伸视角的分析，揭示了中国管理理论的本质及判断维度。

第二，基于中国管理理论的研究框架模型的构建与分析，进一步论证了构建中国管理理论要立足中国管理实践、要扎根中国传统文化、要选择与研究问题相匹配的研究方法。通过与实践对话、与文化对话、与理论对话挖掘有价值的研究问题，尤其要在扎根企业实践中，追溯传统文化精髓里，挖掘出有价值的研究问题，才能讲好中国故事，创新中国管理理论。构建中国管理理论要从模型化、数学化的定量研究方法，转移到选择合适的以质性为主的研究方法，匹配具体的研究问题。当前中国管理研究还处于理论构建阶段，要选择合适的定性研究方法，来匹配研究问题（谢佩洪、魏农建，2012[①]；井润田等，2020[②]），或者尝试一定的顺序混合研究方法构建与验证理论（原长弘、王瑞琪，2015）[③]，并进行完整和严谨的研究设计（Weick，1989[④]；Bono and Mcnamara，2011[⑤]），才能解决好研究问题，同步提升管理研究的相关性和严谨性（刘军等，2020）[⑥]。

第三，本书不同于大多数从思辨性或诠释性视角来阐述中国管理理论构建的理论研究与分析框架。以管理理论和管理知识为研究对象，将大样本科技文献作为研究资料的载体，采用了多元质性与定性方法的综合运用开展文献文本分析，在一定程度上弥补了以往中国管理理论的构建研究领域中方法单一的缺陷。

二、管理启示

中国管理理论的构建需要多方研究主体共同努力，构建学术共同体建设非常重要。因此，本书研究能够给学术共同体中的个体、研究机构和期刊等提供参考和指导。

第一，要扎根企业实践，寻求和感知有意义的研究问题，然后进行概念化和理论化研究。中国管理学者应该将研究重点放在"发现规律、解释现象、指导实践"这一根本使命上。构建中国管理理论，除了继续发扬从文献缺口中寻找有趣的研究问题外（Sandberg and Alvesson，2011）[⑦]，更重要的路径是要直面中国管理实践，要发掘本土企业管理的优秀实践。可以通过阅读书刊来了解实践，蹲点企业去观察实践，与企业合作或介入企业去参与实践等方式，记录相关实践现象，然后感知问题（彭贺、顾倩妮，2010）[⑧]。中国

---

① 谢佩洪，魏农建 . 中国管理学派本土研究的路径探索［J］. 管理学报，2012，9（9）：1255-1262.

② 井润田，程生强，袁丹瑶 . 本土管理研究何以重要？对质疑观点的回应及对未来研究的建议［J］. 外国经济与管理，2020，42（8）：3-16.

③ 原长弘，王瑞琪 . 用顺序混合方法研究构建验证管理理论探析［J］. 科研管理，2015，36（5）：80-86.

④ Weick，K. E. Theory Construction as Disciplined Imagination［J］. Academy of Management Review，1989，14（4）：516-531.

⑤ Bono，J.E.，Mcnamara，G. Publishing in AMJ—Part 2：Research Design［J］. Academy of Management Journal，2011，54（4）：657-660.

⑥ 刘军，朱征，李增鑫 . 讲好"中国故事"——管理学者的责任与行动方向［J］. 外国经济与管理，2020，42（8）：36-49.

⑦ Sandberg，J.，Alvesson，M. Ways of constructing research questions：gap-spotting or problematization？［J］. Organization the Critical Journal of Organization Theory & Society，2011，18（1）：23-44.

⑧ 彭贺，顾倩妮 . "直面中国管理实践"的内涵与路径［J］. 管理学报，2010，7（11）：1665-1670.

管理学者要积极关注中国改革开放 40 多年来的重大管理实践，提高针对大问题提出新概念和新理论的可能性，建立概念间的逻辑与关系，进而形成管理理论，来服务企业实践。进行概念化和理论化对于中国传统文化的研究同样也是很重要的一个环节。

第二，要改革考核机制，发挥学者的主观能动性。一是考核评价指标中，要坚决破除唯论文至上，树立正确的考核评价导向机制。要长远考虑中国管理研究的发展，尤其是对年轻学者的学术考核少一点，评估检查放松一些，营造风清气正的科研环境，培养青年学者的创新意识和创新能力。二是各科研机构和高校要正确引导学者端正学术态度。因为国内管理学者都知道管理学界存在的问题，受制度和提升职称等压力和主流学术环境的影响，国内学者心态上比较浮躁，急于在西方主流的高质量期刊上发表文章，渐渐忽视了也不敢研究新的中国管理实践。各科研机构和高校要破除论文"SCI 至上"，采用更多的期刊分类标准来实现多样化考核机制。三是学术研究个体要树立正确的科研价值观。坚定学术自信，倡导负责任的学术研究。同时，要增加学者的连通与交流，鼓励个体研究者加强对话与交流，充分发挥"主位研究""主观能动性"，从个体思索、学术团队建设、建立学术社群到开展本土与主流的跨专业的对话，让中国的学术期刊真正发展起来。尤其是科研院校要努力打造培育精锐化的管理科学研究队伍，提升构建中国管理理论的科研能力。

第三，鼓励采用质性与归纳的研究方法，引导学者规范使用。中国悠久的历史传统、深厚的儒家文化、有特色的社会主义制度，以及转型和快速发展中有很多独具特色的元素在现有理论中还没得到体现（谢佩洪，2016）[①]，需要采用合适的研究方法和研究策略来提炼，实现概念化和理论化。中国管理研究正处于一个构建理论的研究阶段，质性归纳的研究方法也是最佳选择。一是学术期刊作为推进管理研究的重要平台，应该破除唯实证论文录用的老传统。经济与管理领域的中文顶级期刊《管理世界》与《经济管理》明确了"亟须纠正学术研究和论文写作中的'数学化''模型化'等不良倾向"，发挥很好的示范与榜样作用，引导学者采用多样化的方法来进行研究。二是学者自身要加强研究方法的学习。如案例研究、计量研究、实验研究和 QCA 研究方法等背后的因果关系可能并不一样，因此学者加深对因果关系认识的深化，在推动管理研究多样化过程中，才不会迷失方向。只有辨别各研

---

① 谢佩洪. 简评"东西交融：新概念与新理论"［A］// 徐淑英，任兵，吕力. 管理理论构建论文集［M］. 北京：北京大学出版社，2016：537–541.

究方法的优劣势和适用情境，才能根据研究内容选择合适的方法。

总之，"直面中国管理实践"的管理研究是一条持久且不平坦之路，管理学者要保持一颗平常心，以高度的激情、持之以恒的勇气，通过智慧和创造力来开展研究（吴照云、郭英，2019①；彭贺、顾倩妮，2010②；罗文豪、章凯，2018③），而且学者自身的学术价值导向要实现转变，端正学术态度，清楚自己的研究目标，要有扎根精神，以"主位研究"（贾旭东等，2018）④，以严谨的态度去追究学术研究，掌握有效的契合研究问题的方法，构建、验证、完善理论体系。

第三节　研究不足与未来展望

一、研究不足

中国管理研究与理论构建是一个宏伟的研究议题，本书在研究过程中受到博士研究生自身科研能力、个人精力及样本数据选取等因素的影响，主要存在以下不足及局限：

第一，尽管本书选取的样本资料都是经过学者深思熟虑公开发表的能够代表管理学者思想的大样本文献资料，但数据选取来源上存在局限。一是数据样本都是在中文数据中选取的科技文献。尽管国外关于中国管理研究的文献比较少，但仍然是存在相关主题的研究，也可以作为样本数据补充，加强对比研究。二是中文数据库选取的样本基本上都是期刊数据，缺乏著作类等其他类型的样本数据。三是期刊数据大部分来自《管理学报》，文献样本数据缺乏多样性。以上数据样本来源的局限会导致样本数据较为单一，可能会导致研究结果产生一定偏差。

第二，本书研究没有突破理论与方法论指导的创新。采用的仍然还是西方传统理论与方法论，如库恩的范式理论、拉卡托斯的科学研究纲领和华莱士模型等都是西方关于理论构建的指导理论。而且本书采用的研究方法是以质性为主的归纳研究方法，在具体研究设计和研究分析中会受研究者的研

---

① 吴照云，郭英.从心态维度看中国管理研究［J］.管理学报，2019，16（4）：485–490.

② 彭贺，顾倩妮."直面中国管理实践"的内涵与路径［J］.管理学报，2010，7（11）：1665–1670.

③ 罗文豪，章凯.源头创新与中国管理研究的未来发展取向［J］.学术研究，2018（4）：88–97，178.

④ 贾旭东，何光远，陈佳莉，等.基于"扎根精神"的管理创新与国际化路径研究［J］.管理学报，2018，15（1）：11–19.

究能力、研究意愿和主观意识流的影响，都可能会导致研究结果的可信度问题。如在中国管理理论构建的研究框架模型的探索性研究中，尽管使用了扎根理论的程序化编码方法来进行分析，但采用的是科技文献数据，在提取原始语句和概念化的过程中，会受到笔者主观意识和科研水平的影响，最终可能会导致提取的研究样本数据不太扎实，有可能影响研究结果的客观性。

第三，一个学科领域的演进可以说是一个复杂的动态发展的过程。本书研究在关于中国管理研究的演进脉络研究内容上，只是从整体上对知识基础、研究热点、前沿发展和参与研究主体等进行的一个静态梳理。因此，基于知识图谱理论指导的可视化分析的演进脉络，并不能完全呈现出中国管理研究发展的全部理论。鉴于文本文献数据的选择和研究目的，本书也没有梳理中国管理理论的理论体系与学科结构。尽管本书致力于提出一个规范的中国管理理论的概念内涵和理论构建的研究框架模型，但没有对如何评价构建的理论以及做出理论贡献的评价机制进行研究。

二、未来展望

本书是关于中国管理研究与理论构建的一个探索性研究，尽管有所局限，但仍希望通过本书的研究能够给管理学界和管理学者在开展中国管理研究和理论构建研究中提供有效的参考和思考。期望通过创新更多的中国管理理论，能有效解决中国企业的现实问题，解释和指导中国管理实践，从而建立文化自信、发挥中国管理智慧的优势。中国管理理论的构建是一个漫长的探索过程，未来中国管理学者仍然需要在研究范式、研究方法、理论创新等方面不断取得新进展。除了需要在以上几方面继续努力，获取更多的成果外，中国管理研究仍有很多地方需要进一步深入探讨。

第一，创新研究方法论与方法。方法不但作为实现理论创新的重要手段，在传播理论知识和科研成果过程中也发挥着重要作用。VUCA新时代管理实践的特殊性与多样性也在呼唤新方法论与方法。因此，开发和构建新理论，势必要根据中国管理研究的特色文化、制度等因素创新更多适合有效的研究方法，要突破主流实证研究范式。

第二，构建中国管理理论的评价体系。硬科学的期刊评价的统一标准可能并不适用于具有软科学性质的管理学，建立科学的评价体系对于中国的管理研究意义重大。只有重建评价体系才能提升管理理论与管理科学的实践性，利用何种标准来评价中国管理研究，需要构建一套系统的评价整合模型。

第三，理论贡献的研究。构建中国自己的管理理论，一方面是要直面中国管理实践，另一方面也要与国际接轨，增强对世界管理知识与理论的贡献，提升中国管理理论在国际上的话语权。要加强关于什么是理论贡献、中国管理研究和中国管理理论有没有理论贡献价值、在哪些层面做出理论贡献、如何做出理论贡献又如何评价理论贡献等主题的研究。

尽管中国管理理论暂且没有进入世界管理理论的主流，但随着中国经济的不断强大和中国社会的不断发展，相信在未来通过探索中国管理理论的学科结构，在创新理论贡献的基础上，中国管理研究与理论构建能够走上快超道的可持续发展之路，也将会提高中国管理理论在国际学术界的影响力和话语权。

参考文献

[1] Anderson, W. L. Quantitative Microscopic Holography [C] // Quantitative Imagery in the Biomedical Sciences I. International Society for Optics and Photonics, 1971.

[2] Bacharach, S. B. Organizational Theories: Some Criteria for Evaluation [J]. Academy of Management Review, 1989, 14 (4): 496-515.

[3] Barkema, H. G., Chen, X. P., George, G., et al. West Meets East: New Concepts and Theories [J].Academy of Management Journal, 2015, 58(2): 460-479.

[4] Barney, J., Zhang, S. The Future of Chinese Management Research: A Theory of Chinese Management Versus a Chinese Theory of Management [J]. Management and Organization Review, 2009, 5 (1): 15-28.

[5] Bartunek, J, M., Rynes, S. L., Ireland, R .D. What Makes Management Research Interesting, and Why Does It Matter? [J]. Academy of Management Journal, 2006, 49 (1): 9-15.

[6] Bono, J.E., Mcnamara, G.Publishing in AMJ—Part 2: Research Design [J]. Academy of Management Journal, 2011, 54 (4): 657-660.

[7] Chang, S. J., Hong, J. Economic Performance of Group-Affiliated Companies in Korea: Intragroup Resource Sharing and Internal Business Transactions [J]. Academy of Management Journal, 2000 (43): 429-450.

[8] Charmaz, K. Grounded Theory [J]. Rethinking Methods In Psychology, 1995 (24): 27-49.

[9] Chen, C. CiteSpace II: Detecting and Visualizing Emerging Trends [J]. Journal of the American Society for Information Science & Technology, 2006, 57 (3): 359-377.

[10] Chen, C. Science Mapping: A Systematic Review of the Literature [J]. Journal of Data and Information Science, 2017, 2 (2): 1-40.

[11] Colquitt, J. A., George, G. Publishing in AMJ-Part 1: Topic Choice: From the Editors [J]. Academy of Management Journal, 2011, 54 (3): 432-435.

[12] Colquitt, J. A., Zapata-Phelan, C. P. Trends in Theory Building and Theory Testing: A Five-Decade Study of the Academy of Management Journal [J]. Academy of Management Journal, 2007, 50 (6): 1281-1303.

[13] Corley, K. G., Gioia, D. A. Building Theory about Theory Building: What Constitutes a Theoretical Contribution? [J]. Academy of Management Review, 2011, 36 (1): 12-32.

[14] Daft, R. L., Lewin, A.Y. Rigor and Relevance in Organization Studies: Idea Migration and Academic Journal Evolution [J]. SSRN Electronic Journal, 2008 (19): 177-183.

[15] Dimaggio, P. Comments on "What theory is not" [J]. Administrative Science Quarterly, 1995, 40 (3): 391-397.

[16] Edwards, J. R. Reconsidering Theoretical Progress in Organizational and Management Research [J]. Organizational Research Methods, 2010, 13 (4): 615-619.

[17] George, G., Kotha, R., Parikh, P., et al. Social Structure, Reasonable Gain, and Entrepreneurship in Africa [J]. Strategic Management Journal, 2016 (37): 1118-1131.

[18] Ghoshal, S. Bad Management Theories are Destroying Good Management Practices [J]. Academy of Management Learning & Education, 2005, 4 (1): 75-91.

[19] Glaser, B., Strauss, A. The Discovery of Grounded Theory: Strategies for Qualitative Research [M]. New York: Aldine, 1967.

[20] Gulati, R. Tent Poles, Tribalism, and Boundary Spanning: The Rigor-Relevance Debate in Management Research [J]. Academy of Management Journal, 2007, 50 (4): 775-782.

[21] Hambrick, D. C. The Field of Management's Devotion to Theory: Too Much of a Good Thing? [J]. The Academy of Management Journal, 2007, 50(6): 1346-1352.

[22] Hempel, Wolfgang. Superbia als Schuldmotiv im Nibelungenlied [J]. Seminar a Journal of Germanic Studies, 1966, 2 (2): 1-12.

［23］Jia, L., You, S., Du, Y. Chinese Context and Theoretical Contributions to Management and Organization in Research: A Three-Decade Review ［J］. Management and Organization Review, 2012, 8 (1): 173–209.

［24］Jiatao Li, Tsui, A. S. A Citation Analysis of Management and Organizational Research in the Chinese Context: 1984–1999. ［J］. Asia Pacific Journal of Management, 2002 (19): 87–107.

［25］Johns, G. The Essential Impact of Context on Organizational Behavior ［J］. Academy of Management Review, 2006, 31 (2): 386–408.

［26］Keister, L. A. Engineering Growth: Business Group Structure and Firm Performance in China's Transition Economy ［J］. American Journal of Sociology, 1998, 45 (1): 455–463.

［27］Kieser, A., Leiner, L. Why the Rigour – Relevance Gap in Management Research is Unbridgeable ［J］. 2009, 46 (3): 516–533.

［28］Liang, X., Wu, S., Zhang, S. From Friendship to Family: Jiangyiqi and Strong Interpersonal Relationship Development in Chinese Organizations ［J］. Management & Organization Review, 2018 (2): 1–29.

［29］Marshall, I . Consilience: The Unity of Knowledge ［J］. Journal of the Royal Society of Medicine, 1998, 92 (2): 95.

［30］Merton, R. K., Shapere, D. The Sociology of Science: Theoretical and Empirical Investigation ［J］. Physics Today, 1974, 27 (8): 52–53.

［31］Ralston, D. A., Pounder J., Lo C W H., et al. Stability and Change in Managerial Work Values: A Longitudinal Study of China, Hong Kong, and the U.S. ［J］ Management & Organization Review, 2010, 2 (1): 67–94.

［32］Rousseau, D. M., Fried, Y. Location, Location, Location: Contextualizing Organizational Research ［J］. Journal of Organizational Behavior, 2001 (22): 1–13.

［33］Sandberg, J., Alvesson, M. Ways of Constructing Research Questions: Gap-spotting or Problematization? ［J］. Organization the Critical Journal of Organization Theory & Society, 2011, 18 (1): 23–44.

［34］Starkey, K., Madan P. Bridging the Relevance Gap: Aligning Stakeholders in the Future of Management Research ［J］. British Journal of Management, 2001 (12): 3–26.

［35］Strauss, A., Corbin, J. Grounded Theory Methodology: An Overview ［J］. Handbook of Qualitative Research, 1994 (17): 273–285.

[36] Sutton, R. I., Staw, B. M. What Theory Is Not [J]. Administrative Science Quarterly, 1995, 40 (3): 371-384.

[37] Thomson, S. B. Sample Size and Grounded Theory [J]. Social Ence Electronic Publishing, 2011 (5): 184-192.

[38] Tsui, A. S. Contextualization in Chinese Management Research [J]. Management and Organization Review, 2006, 2 (1): 1-13.

[39] Tsui, A. S. Contributing to Global Management Knowledge: A Case for High Quality Indigenous Research [J]. Asia Pacific Journal of Management, 2004, 21 (4): 491-513.

[40] Tsui, A. S. Editor's Introduction - Autonomy of Inquiry: Shaping the Future of Emerging Scientific Communities [J]. Management & Organization Review, 2009, 5 (1): 1-14.

[41] Tsui, A. S., Schoonhoven, C. B., Meyer, M. W., et al. Organization and Management in the Midst of Societal Transformation: The People's Republic of China [J]. Organization Science, 2004, 15 (2): 133-144.

[42] Van de Ven, A. H., Johnson, P. Knowledge for Theory and Practice [J]. Academy of Management Review, 2006 (31): 802-821.

[43] Weick, E. K. What Theory is Not, Theorizing Is [J]. Administrative Science Quarterly, 1995, 40 (3): 385-390.

[44] Weick, K. E. Theory Construction as Disciplined Imagination [J]. Academy of Management Review, 1989, 14 (4): 516-531.

[45] Whetten, D. A. An Examination of the Interface between Context and Theory Applied to the Study of Chinese Organizations [J]. Management & Organization Review, 2009, 5 (1): 29-55.

[46] Whetten, D. A. What Constitutes A Theoretical Contribution? [J]. Academy of Management Review, 1989, 14 (4): 490-495.

[47] 艾尔·巴比.社会研究方法（第11版）[M].邱泽齐，译.北京：华夏出版社，2009：318-328.

[48] 白长虹，刘春华.基于扎根理论的海尔、华为公司国际化战略案例相似性对比研究[J].科研管理，2014，35（3）：99-107.

[49] 蔡玉麟.也谈中国管理研究国际化和管理理论创新——向张静、罗文豪、宋继文、黄丹英请教[J].管理学报，2016，13（8）：1135-1149.

[50] 曹祖毅，谭力文，贾慧英，等.中国管理研究道路选择：康庄大道，羊肠小道，还是求真之道？——基于2009~2014年中文管理学期刊的实

证研究与反思 [J]. 管理世界, 2017 (3): 159-169.

[51] 曾仕强. 中国式管理 (修订本) [M]. 北京: 中国社会科学出版社, 2005: 3-12.

[52] 曾祥辉, 郑耀星, 张秦. 基于内容分析法的智慧旅游概念探析 [J]. 资源开发与市场, 2015, 31 (10): 1246-1249, 1184.

[53] 陈春花, 陈鸿志, 刘祯. 管理实践研究价值贡献的评价 [J]. 管理学报, 2011, 8 (6): 791-795.

[54] 陈春花, 刘祯. 水样组织: 一个新的组织概念 [J]. 外国经济与管理, 2017, 39 (7): 3-14.

[55] 陈春花, 刘祯. 中国管理实践研究评价的维度——实践导向与创新导向 [J]. 管理学报, 2011, 8 (5): 636-639, 647.

[56] 陈春花, 马胜辉. 中国本土管理研究路径探索——基于实践理论的视角 [J]. 管理世界, 2017 (11): 158-169.

[57] 陈春花, 宋一晓, 曹洲涛. 中国本土管理研究的回顾与展望 [J]. 管理学报, 2014, 11 (3): 321-329.

[58] 陈春花. 当前中国需要什么样的管理研究 [J]. 管理学报, 2010, 7 (9): 1272-1276.

[59] 陈劲, 阳银娟. 管理的本质以及管理研究的评价 [J]. 管理学报, 2012, 9 (2): 172-178.

[60] 陈劲, 尹西明. 范式跃迁视角下第四代管理学的兴起、特征与使命 [J]. 管理学报, 2019, 16 (1): 1-8.

[61] 陈晓红, 周艳菊. 构建有中国特色的管理理论体系——第三届 (2008) 中国管理学年会综述 [J]. 经济管理, 2008 (23): 172-176.

[62] 陈悦, 陈超美, 刘则渊, 等. CiteSpace 知识图谱的方法论功能 [J]. 科学学研究, 2015, 33 (2): 242-253.

[63] 成中英, 吕力. 成中英教授论管理哲学的概念、体系、结构与中国管理哲学 [J]. 管理学报, 2012, 9 (8): 1099-1110.

[64] 程少川. 再思管理学学科性质与使命——管理学价值分析方法论探索之导引 [J]. 西安交通大学学报 (社会科学版), 2016, 36 (2): 32-39.

[65] 戴国斌. 中国管理学研究的人本主义范式 [J]. 管理学报, 2010, 7 (2): 171-176.

[66] 段明明. "直面中国管理实践"需要跨文化比较研究 [J]. 管理学报, 2011, 8 (8): 1115-1121.

[67] 范培华, 高丽, 侯明君. 扎根理论在中国本土管理研究的运用现状与展

望［J］.管理学报，2017，14（9）：1274-1282.

［68］高良谋，高静美.管理学的价值性困境：回顾、争鸣与评论［J］.管理世界，2011（1）：145-167.

［69］高良谋.管理学高级教程［M］.北京：机械工业出版社，2015：479.

［70］高锡荣，杨菲，杨建.基于文献编码分析的众包行为发生机制模型构建［J］.科技进步与对策，2018，35（6）：14-20.

［71］龚小军，李随成.管理理论的实践相关性问题研究综述［J］.管理学报，2011，8（5）：775-783.

［72］巩见刚，高旭艳，孙岩.本土管理学如何赓续中国传统文化——兼对已有思路的讨论［J］.管理学报，2019，16（10）：1447-1456.

［73］巩见刚，卫玉涛，高旭艳.群众路线的管理学内涵以及在管理思想史上的地位研究［J］.管理学报，2019，16（2）：184-192.

［74］郭骁.构建面向"中国问题"的管理学研究范式［J］.经济管理，2012，34（5）：183-192.

［75］郭毅.地方性知识：通往学术自主性的自由之路——"管理学在中国"之我见［J］.管理学报，2010，7（4）：475-488.

［76］郭毅.活在当下：极具本土特色的中国意识——一个有待开发的本土管理研究领域［J］.管理学报，2010，7（10）：1426-1432.

［77］郭重庆.中国管理学界的社会责任与历史使命［J］.管理学报，2008（3）：320-322.

［78］韩巍，曾宪聚.本土管理的理论贡献：基于中文研究成果的诠释［J］.管理学报，2019，16（5）：644-651.

［79］韩巍，赵向阳."非科学性"让管理研究变得更好："蔡玉麟质疑"继续中［J］.管理学报，2017，14（2）：185-195.

［80］韩巍."管理学在中国"——本土化学科建构几个关键问题的探讨［J］.管理学报，2009，6（6）：711-717.

［81］韩巍.从批判性和建设性的视角看"管理学在中国"［J］.管理学报，2008（2）：161-168，176.

［82］韩巍.管理研究认识论的探索基于"管理学在中国"专题论文的梳理及反思［J］.管理学报，2011，8（12）：1772-1781.

［83］韩巍.论"实证研究神塔"的倒掉［J］.管理学报，2011，8（7）：980-989.

［84］韩巍.情境研究另一种诠释及对本土管理研究的启示［J］.管理学报，2017，14（7）：947-954.

［85］韩巍.学术探讨中的措辞及表达——谈《创建中国特色管理学的基本问题之管见》［J］.管理学报，2005（4）：386-391.

［86］韩巍.哲学何以在场：中国本土管理研究的视角［J］.管理学报，2014，11（6）：781-787.

［87］郝英奇，郑桂红.人性本质的再认识——基于经济学实验的"层次人"假设［J］.暨南学报（哲学社会科学版），2014，36（8）：47-55.

［88］和谐管理研究课题组.和谐管理理论的研究框架及主要研究工作［J］.管理学报，2005（2）：145-152.

［89］胡国栋，王天娇.后现代主义视域下管理学的本土化研究［J］.财经问题研究，2019（4）：21-29.

［90］胡国栋.科学哲学视角下管理学的学科属性、理论拓展与范式整合［J］.管理学报，2016，13（9）：1274-1285.

［91］黄丹，席酉民.和谐管理理论基础：和谐的诠释［J］.管理工程学报，2001（3）：69-72.

［92］黄光国，罗家德，吕力.中国本土管理研究的几个关键问题——对黄光国、罗家德的访谈［J］.管理学报，2014，11（10）：1436-1444.

［93］黄光国."主客对立"与"天人合一"管理学研究中的后现代智慧［J］.管理学报，2013，10（7）：937-948.

［94］黄如金.和合管理：探索具有中国特色的管理理论［J］.管理学报，2007，4（2）：135.

［95］贾良定，尤树洋，刘德鹏，等.构建中国管理学理论自信之路——从个体、团队到学术社区的跨层次对话过程理论［J］.管理世界，2015（1）：99-117.

［96］贾旭东，何光远，陈佳莉，等.基于"扎根精神"的管理创新与国际化路径研究［J］.管理学报，2018，15（1）：11-19.

［97］贾旭东，衡量.基于"扎根精神"的中国本土管理理论构建范式初探［J］.管理学报，2016，13（3）：336-346.

［98］贾旭东，衡量.扎根理论的"丛林"、过往与进路［J］.科研管理.2020，41（5）：151-163.

［99］贾旭东，谭新辉.经典扎根理论及其精神对中国管理研究的现实价值［J］.管理学报，2010，7（5）：656-665.

［100］姜红丙，刘跃文，孙永洪，等.论证理论视角下的管理理论构建研究［J］.管理学报，2016，13（1）：7-17.

［101］蒋东生.从差异性事实出发建构管理学的中国理论［J］.管理学季刊，

2018，3（2）：19-23，145.

［102］焦噍.煤炭企业绿色低碳发展战略选择研究［D］.太原：山西财经大学，2019.

［103］Andrew，H.，Van de Ven，井润田，等.从"入世治学"角度看本土化管理研究［J］.管理学季刊，2020，5（1）：1-13，130.

［104］井润田，程生强，袁丹瑶.本土管理研究何以重要？对质疑观点的回应及对未来研究的建议［J］.外国经济与管理，2020，42（8）：3-16.

［105］井润田，卢芳妹.中国管理理论的本土研究：内涵、挑战与策略［J］.管理学报，2012，9（11）：1569-1576.

［106］乐国林，陈春花，毛淑珍，等.基于中国本土领先企业管理实践研究的4P方法论探索［J］.管理学报，2016，13（12）：1766-1774.

［107］乐国林，陈春花."和、变、用"管理思想与领先企业实践的探索性研究［J］.管理学报，2014，11（7）：944-952.

［108］乐国林，陈春花.两部企业宪法蕴含的中国本土管理元素探析——基于鞍钢宪法和华为基本法的研究［J］.管理学报，2011，8（11）：1575-1582.

［109］李海舰，李文杰，李然.新时代中国企业管理创新研究——以海尔制管理模式为例［J］.经济管理，2018（7）：5-19.

［110］李海洋，张燕.情境化知识与普适化理论的有机结合——探索中国管理学研究的理论创新之道［J］.管理学季刊，2016，1（4）：1-17，135.

［111］李怀祖，管理学研究方法论［M］.西安：西安交通大学出版社，2004：71-73.

［112］李杰，陈超美.CiteSpace科技文本挖掘及可视化［M］.北京：首都经济贸易大学出版社，2016：134-140.

［113］李培挺，张守连.破"科学管理"，立"管理哲学"——"科学管理"背景下谢尔登管理哲学基本定位初探［J］.管理学报，2011，8（10）：1451-1456，1461.

［114］李培挺.也论中国管理学的伦理向度：边界、根由与使命［J］.管理学报，2013，10（9）：1283-1290.

［115］李鹏飞，席酉民，张晓军，等.管理中的不确定性：一个整合性的多维概念体系［J］.管理学报，2014，11（1）：1-7.

［116］李平，杨政银，陈春花.管理学术研究的"知行合一"之道融合德鲁克与马奇的独特之路［J］.外国经济与管理，2018，40（12）：28-45.

［117］李平.试论中国管理研究的话语权问题［J］.管理学报，2010，7（3）：321-330.

［118］李平.中国本土管理研究与中国传统哲学［J］.管理学报，2013，10（9）：1249-1261.

［119］李平.中国管理本土研究：理念定义及范式设计［J］.管理学报，2010，7（5）：633-641，648.

［120］吕力，管理学研究的"精一"、"双融"和"经世致用"：对陈明哲的访谈［J］.管理学报，2016，13（1）：1-6.

［121］Oded Shenkar，李炜文.具有中国特色的管理学研究［J］.管理学季刊，2017，2（1）：1-11，118.

［122］李新.基于扎根理论的绿色供应链运行模式研究［D］.鞍山：辽宁科技大学，2018.

［123］李鑫.中国传统哲学与本土管理研究：讨论与反思［J］.管理学报，2013，10（10）：1425-1433.

［124］梁丽华.先秦时期经营管理思想体系研究［D］.南昌：江西财经大学，2019.

［125］林海芬，苏敬勤.管理创新研究方法探析：探索性与解释性案例研究法的结合［J］.科学学与科学技术管理，2010，31（6）：59-65.

［126］刘建兰.《司马法》伦理管理思想研究［D］.南昌：江西财经大学，2014.

［127］刘军，朱征，李增鑫.讲好"中国故事"——管理学者的责任与行动方向［J］.外国经济与管理，2020，42（8）：36-49.

［128］刘盛博.科学论文的引用内容分析及其应用［D］.大连：大连理工大学，2014.

［129］刘文瑞.史学思维和管理研究［J］.管理学报，2018，15（7）：962-967.

［130］刘迫，张志菲，姜海云."一带一路"建设与中国企业管理国际化——中国企业管理研究会 2017 年会学术观点综述［J］.经济管理，2018（3）：196-208.

［131］柳俊，王求真，陈珲.基于内容分析法的电子商务模式定义研究［J］.浙江大学学报（人文社会科学版），2010，40（5）：82-91.

［132］卢小丽，武春友，Holly Donohoe.基于内容分析法的生态旅游内涵辨析［J］.生态学报，2006（4）：1213-1220.

［133］陆亚东，符正平."水"隐喻在中国特色管理理论中的运用［J］.外国经济与管理，2016，38（1）：3-14.

［134］陆羽中，田增瑞，常焙筌.国际创业投资研究热点与趋势的可视化分析［J］.科研管理，2020，41（4）：250-262.

［135］罗纪宁.创建中国特色管理学的基本问题之管见［J］.管理学报，2005（1）：11-17.

［136］罗纪宁.中国管理学研究的实践导向与理论框架——一个组织管理系统全息结构［J］.管理学报，2010，7（11）：1646-1651，1670.

［137］罗文豪，章凯.源头创新与中国管理研究的未来发展取向［J］.学术研究，2018（4）：88-97，178.

［138］吕力."直面中国管理实践"的根本性问题与作为"系统反思"的元管理研究［J］.管理学报，2012，9（4）：506-515.

［139］吕力."中国管理学"发展中的范式问题［J］.管理学报，2009，6（8）：1008-1012.

［140］吕力.管理伦理原则、多元性及折衷：管理学"实践导向"中的伦理问题［J］.管理学报，2012，9（9）：1277-1283，1396.

［141］吕力.管理学的元问题与管理哲学——也谈《出路与展望：直面中国管理实践》的逻辑瑕疵［J］.管理学报，2011，8（4）：517-523.

［142］吕力.管理学如何才能"致用"——管理学技术化及其方法论［J］.管理学报，2011，8（6）：796-804，826.

［143］吕力.后实证主义视角下的管理理论、实践与观念［J］.管理学报，2015，12（4）：469-476.

［144］吕力.深度情境化与诠释管理学的质性研究方法［J］.科学学与科学技术管理，2012，33（11）：31-37.

［145］吕力.文化深层结构视角下管理的中国经验、逻辑及其扬弃［J］.管理学报，2015，12（11）：1571-1578，1645.

［146］吕力.中国本土管理学何以可能——对"独特性"的追问、确证与范式革命［J］.管理学报，2011，8（12）：1755-1761.

［147］马腾，曹吉鸣，申良法.知识转移研究演进脉络梳理及前沿热点探析——基于引文分析和共词分析［J］.软科学，2016，30（2）：121-125.

［148］马腾，贾荣言，刘权乐，等.我国创新网络研究演进脉络梳理及前沿热点探析［J］.科技进步与对策，2018，35（3）：22-28.

［149］彭贺，顾倩妮."直面中国管理实践"的内涵与路径［J］.管理学报，2010，7（11）：1665-1670.

［150］彭贺.管理学研究中的"价值无涉"与"价值涉入"［J］.管理学报，

2011, 8（7）: 949-953.

[151] 齐善鸿, 白长虹, 陈春花, 等. 出路与展望: 直面中国管理实践 [J]. 管理学报, 2010, 7（11）: 1685-1691.

[152] 齐善鸿, 李宽, 孙继哲. 传统文化与现代管理融合探究 [J]. 管理学报, 2018, 15（5）: 633-642.

[153] 乔东. 中国企业管理理论本土化研究的"关系"视角 [J]. 理论学刊, 2015（6）: 62-67.

[154] 秦宇, 李彬, 郭为. 对我国管理研究中情境化理论建构的思考 [J]. 管理学报, 2014, 11（11）: 1581-1590.

[155] 任兵, 楚耀. 中国管理学研究情境化的概念、内涵和路径 [J]. 管理学报, 2014, 11（3）: 330-336.

[156] 宋湘绮. 管理研究中感悟与实证的对接——比较"中道管理"与"基于研究证据的管理" [J]. 管理学报, 2011, 8（1）: 37-41.

[157] 苏东水. 东方管理学 [M]. 上海: 复旦大学出版社, 2005: 6-18.

[158] 苏敬勤, 崔淼. 基于适配理论的中国特色管理理论的研究框架: 创新视角 [J]. 管理学报, 2009, 6（7）: 853-860.

[159] 苏敬勤, 刘电光. 含摄情境的管理理论是否具有普适性 [J]. 管理学报, 2016, 13（8）: 1105-1114.

[160] 苏敬勤, 张琳琳. 情境视角下的中国管理研究——路径与分析框架 [J]. 科学学研究, 2015, 33（6）: 824-832, 858.

[161] 苏敬勤, 张雁鸣, 林菁菁. 文化双融视角下中国本土企业管理创新机制——华立集团的案例研究 [J]. 经济管理, 2018, 40（1）: 56-70.

[162] 苏勇, 于保平. 东方管理研究: 理论回顾与发展方向 [J]. 管理学报, 2009, 6（12）: 1578-1587.

[163] 苏郁锋, 吴能全, 周翔. 制度视角的创业过程模型——基于扎根理论的多案例研究 [J]. 南开管理评论, 2017, 20（1）: 181-192.

[164] 覃大嘉, 呼玲妍, 刘人怀. 转型升级背景下制造业人资管理实践与情感承诺: 基于易学阴阳和谐视角 [J]. 管理评论, 2018, 30（11）: 164-175.

[165] 谭力文, 伊真真, 效俊央. 21 世纪以来国内组织行为学研究现状与趋势——基于 CSSCI（2000—2013）文献的科学计量分析 [J]. 科技进步与对策, 2016, 33（1）: 154-160.

[166] 谭力文, 赵瑞, 曹祖毅, 等. 21 世纪以来中国组织与管理研究方法的演进与发展趋势 [J]. 管理学报, 2016, 13（9）: 1263-1273.

[167] 谭力文.管理学学科发展路径的选择 [J].皖西学院学报，2016，32
（4）：72-78.

[168] 谭力文.论管理学的普适性及其构建 [J].管理学报，2009，6（3）：
285-290.

[169] 田广，刘瑜，汪一帆.质性研究与管理学科建设：基于工商人类学的
思考 [J].管理学报，2015，12（1）：1-10.

[170] 田志龙，陈丽玲.中国管理学研究向何处去——"中国管理50人"
论坛（2018年秋季）会议述评 [J].管理学报，2019，16（2）：180-
183.

[171] 田志龙，王浩.中国管理实践研究的路径 [J].管理学报，2011，8
（2）：159-163，178.

[172] 王方华.立足"人单合一"管理创新，推进中国管理理论探索——访
谈海尔集团张瑞敏先生观点内容摘编 [J].管理学报，2018，15（6）：
814-817.

[173] 王立，孙乃纪.镜像组织研究法一种本土管理学研究资源的开发思路
[J].管理学报，2012，9（9）：1263-1267.

[174] 王维萍.对中国式管理理论研究的回顾分析 [D].大连：东北财经大
学，2016.

[175] 王晓红，任晓菲.基于CSSCI的我国隐性知识研究的文献计量分析
[J].管理学报，2018，15（12）：1854-1861.

[176] 王新春.高新企业人力资源优化配置的研究 [D].济南：山东师范大
学，2012.

[177] 王续琨，宋刚.关于中国管理学科发展对策的思考 [J].管理学报，
2013，10（8）：1093-1099，1127.

[178] 王学秀."管理学在中国"研究：概念、问题与方向——第1届"管
理学在中国"学术研讨会观点评述 [J].管理学报，2008（3）：313-
319，365.

[179] 王迎军，陆岚，崔连广.实践视角下的管理学学科属性 [J].管理学
报，2015，12（12）：1733-1740.

[180] 吴照云，郭英.从心态维度看中国管理研究 [J].管理学报，2019，
16（4）：485-490.

[181] 吴照云，罗俊.基于中国传统文化假设的情境化管理 [J].当代财经，
2009（2）：63-67.

[182] 吴照云，张兵红.中国管理科学体系的未来构建 [J].经济管理，

2018, 40（9）: 5-17.

[183] 席西民, 葛京, 韩巍, 等. 和谐管理理论的意义与价值 [J]. 管理学报, 2005（4）: 397-405.

[184] 席西民, 韩巍, 尚玉钒. 面向复杂性: 和谐管理理论的概念、原则及框架 [J]. 管理科学学报, 2003（4）: 1-8.

[185] 席西民, 肖宏文, 王洪涛. 和谐管理理论的提出及其原理的新发展 [J]. 管理学报, 2005（1）: 23-32.

[186] 夏恩君, 王素娟, 王俊鹏. 基于知识图谱的众筹研究现状及发展趋势分析 [J]. 科研管理, 2017, 38（6）: 1-8.

[187] 向富华. 基于内容分析法的美丽乡村概念研究 [J]. 中国农业资源与区划, 2017, 38（10）: 25-30.

[188] 向婧怡, 张红举, 陈力, 等. 基于内容分析法的水生态文明概念及评价指标探讨 [J]. 中国人口·资源与环境, 2018, 28（S1）: 169-175.

[189] 谢伶, 王金伟, 吕杰华. 国际黑色旅游研究的知识图谱——基于 CiteSpace 的计量分析 [J]. 资源科学, 2019, 41（3）: 454-466.

[190] 谢佩洪, 魏农建. 中国管理学派本土研究的路径探索 [J]. 管理学报, 2012, 9（9）: 1255-1262.

[191] 谢佩洪. 基于中国传统文化与智慧的本土管理研究探析 [J]. 管理学报, 2016, 13（8）: 1115-1124.

[192] 谢佩洪. 简评 "东西交融: 新概念与新理论" [A] // 徐淑英, 任兵, 吕力. 管理理论构建论文集 [M]. 北京: 北京大学出版社, 2016: 537-541.

[193] 谢永珍. 反思与超越: 中国本土管理研究的道路自信与价值诉求 [J]. 济南大学学报（社会科学版）, 2017, 27（3）: 8-14.

[194] 徐淑英, 李绪红, 贾良定, 等. 负责任的管理研究: 哲学与实践 [M]. 北京: 北京大学出版社, 2018: 116-143.

[195] 徐淑英, 刘忠明. 中国企业管理的前沿研究 [M]. 北京: 北京大学出版社, 2004: 34-37.

[196] 徐淑英, 吕力. 中国本土管理研究的理论与实践问题: 对徐淑英的访谈 [J]. 管理学报, 2015, 12（3）: 313-321.

[197] 徐淑英, 张志学. 管理问题与理论建立: 开展中国本土管理研究的策略 [J]. 重庆大学学报（社会科学版）, 2011, 17（4）: 1-7.

[198] 徐淑英. 求真之道, 求美之路: 徐淑英研究历程 [M]. 北京: 北京大学出版社, 2012: 112-119.

[199] 徐淑英.商学院的价值观和伦理：做负责任的科学［J］.管理学季刊，2016，1（z1）：1-23.

[200] 许德音.普适理论、中国情景与管理实践［J］.管理学季刊，2017，2（3）：164-169，174.

[201] 佚名.直面中国管理实践　催生重大理论成果——国家自然科学基金委员会管理科学部第二届第一次专家咨询委员会扩大会议纪要［J］.管理学报，2005（2）：127-128.

[202] 杨传喜，丁璐扬，张珺.基于CiteSpace的科技资源研究演进脉络梳理及前沿热点分析［J］.科技管理研究，2019，39（3）：205-212.

[203] 杨栋，魏大鹏.西方管理学属性之争对中国管理学元研究的启示［J］.管理学报，2013，10（5）：625-631.

[204] 杨静，寇清杰.党的十八大以来社会主义意识形态建设思想探析［J］.思想政治教育研究，2018，34（4）：39-44.

[205] 杨朦晰，陈万思，周卿钰，等.中国情境下领导力研究知识图谱与演进：1949—2018年题名文献计量［J］.南开管理评论，2019，22（4）：80-94.

[206] 杨治，王砚羽，夏军.中国管理研究的理论贡献［J］.管理学季刊，2019，4（4）：15-28，152.

[207] 杨治.科学哲学与负责任的管理研究［J］.管理学季刊，2018，3（4）：32-36，155.

[208] 姚雪青.高校做科研 望向更远处［N］.人民日报，2020-03-18（12）.

[209] 尹苗苗，李昀，周冰玉.基于文本分析的国内模仿创业研究评述［J］.管理学报，2017，14（11）：1587-1593，1615.

[210] 尹西明，陈红花，陈劲.中国特色创新理论发展研究——改革开放以来中国原创性创新范式回顾［J］.科技进步与对策，2019，36（19）：1-8.

[211] 于明，孙林岩，崔凯.管理研究的前期方法论［J］.科学学与科学技术管理，2007（1）：38-43.

[212] 原长弘，王瑞琪.用顺序混合方法研究构建验证管理理论探析［J］.科研管理，2015，36（5）：80-86.

[213] 张钢，岑杰，吕洁."理论管理学"是否可能？［J］.管理学报，2013，10（12）：1736-1744.

[214] 张钢，李腾，乐晨.管理实践中流行的十大迷思［J］.管理学报，2014，11（4）：492-501.

[215] 张惠琴，侯艳君.基于知识图谱的国内员工创新行为研究综述 [J]. 科技进步与对策，2017，34（11）：153-160.

[216] 张静，罗文豪，宋继文，等.中国管理研究国际化的演进与展望——中国管理研究国际学会（IACMR）的发展范例与社群构建 [J]. 管理学报，2016，13（7）：947-957.

[217] 张伶.中国管理学学术期刊的发展与未来展望——以《南开管理评论》十年发展为例 [J].南开管理评论，2008，11（6）：4-7，36.

[218] Jay B. Barney，张书军.中国管理研究之展望——中国管理理论与管理的中国理论 [J].中大管理研究，2009，4（3）：1-15.

[219] 张冉.基于扎根理论的我国社会组织品牌外化理论模型研究 [J].管理学报，2019，16（4）：569-577.

[220] 张树旺，李伟，郭璨，等.论本土实践经验对中国管理学的理论建构 [J].管理学报，2016，13（10）：1456-1461.

[221] 张晓娟，王磊.本土化管理理论研究与实践探索的回顾与展望——"管理学在中国"2013年会（第6届）述评 [J].管理学报，2014，11（2）：181-189.

[222] 张瑜，雷丽.基于内容分析法的农业旅游概念界定 [J].西南师范大学学报（自然科学版），2013，38（6）：117-123.

[223] 张玉利，吴刚.新中国70年工商管理学科科学化历程回顾与展望 [J].管理世界，2019，35（11）：8-18.

[224] 章凯，罗文豪.中国管理实践研究的信念与取向——第7届"中国·实践·管理"论坛的回顾与思考 [J].管理学报，2017，14（1）：1-7.

[225] 章凯，张庆红，罗文豪.选择中国管理研究发展道路的几个问题——以组织行为学研究为例 [J].管理学报，2014，11（10）：1411-1419.

[226] 赵良勇，齐善鸿.直面实践的管理研究与德鲁克之路 [J].管理学报，2016，13（11）：1606-1613.

[227] 赵曙明，张紫滕，陈万思.新中国70年中国情境下人力资源管理研究知识图谱及展望 [J].经济管理，2019，41（7）：190-208.

[228] 郑雅琴，贾良定，尤树洋，等.中国管理与组织的情境化研究——基于10篇高度中国情境化研究论文的分析 [J].管理学报，2013，10（11）：1561-1566.

[229] 钟尉.先秦兵家思想战略管理特质研究 [D].南京：河海大学，2007.

［230］周博文，张再生.国内外众创经济研究述评——基于文献计量与扎根理论分析［J］.当代经济管理，2020，42（3）：1-11.

［231］朱晋伟，胡万梅.国际创业研究的热点和趋势——基于SSCI的文献计量和知识图谱分析［J］.技术经济，2015，34（5）：36-40，57.

［232］朱秀梅，杨姗.管理类综述文章的撰写范式［J］.外国经济与管理，2019，41（7）：137-152.

［233］邹国庆，高向飞，胥家硕.中国情境下的管理学理论构建与研究进路［J］.软科学，2009，23（2）：135-139，144.